Steve McVey
Auf dem Weg der Gnade

Steve McVey

Auf dem Weg der Gnade

Christsein, *wie du es dir immer erhofft hast*

GRACE WALK
Copyright © 1995 by Steve McVey, Published by Harvest House Publishers
Eugene, Oregon 97402, www.harvesthousepublishers.com.

Aus dem Amerikanischen übersetzt von Gabriele Pässler.

Die Deutsche Nationalbibliothek verzeichnet diese Publikation in der Deutschen Nationalbibliografie; detaillierte bibliografische Daten sind im Internet über http://dnb.d-nb.de abrufbar.

Bibelzitate, sofern nicht anders angegeben, wurden der Schlachter Bibelübersetzung entnommen. Bibeltext der Schlachter, Copyright © 2000 Genfer Bibelgesellschaft. Wiedergegeben mit freundlicher Genehmigung. Alle Rechte vorbehalten.
Hervorhebungen einzelner Worte oder Passagen innerhalb von Bibelstellen wurden vom Autor vorgenommen.

Elb   Revidierte Elberfelder Bibel © 1985/1991/2006,
        SCM R. Brockhaus im SCM Verlag GmbH & Co. KG, Witten.
Lut   Lutherbibel, Revidierte Fassung von 1984,
        Copyright 1985 Deutsche Bibelgesellschaft Stuttgart.
NLB   Die Bibelübersetzung »Neues Leben« verwenden wir mit freundlicher
        Genehmigung von SCM R. Brockhaus, Witten. Copyright der amerikanischen
        Ausgabe 1996 by Tyndale House Publishers Inc., Wheaton, Illinois, USA.
        Originaltitel: Holy Bible, New Living Translation / Copyright der deutschen
        Ausgabe 2002 und 2006 by SCM R.Brockhaus im SCM-Verlag GmbH & Co. KG,
        Witten, Germany. All rights reserved.

Umschlaggestaltung: spoon design, Olaf Johannson
Umschlagbild: © Cannaregio, ShutterStock®
Lektorat: Barbara Trebing, Christina Wieser
Satz: Grace today Verlag, Gerald Wieser
Druck: CPI – Clausen & Bosse, Leck
Printed in Germany

1. Auflage 2012
© 2012 Grace today Verlag Schotten
ISBN 978-3-943597-05-9, Bestellnummer 371 705
Dieser Titel ist auch als eBook erschienen.

Nachdruck und Vervielfältigung, auch auszugsweise,
nur mit Genehmigung des Verlages.

www.gracetoday.de

*Für Melanie,
mein kostbarstes Gnaden-Geschenk
in dieser Welt*

INHALT

Dank 9
Vorwort 11
Zehn Jahre auf dem Weg der Gnade 13
Kapitel 1 | Erbärmliches Mittelmaß 17
Kapitel 2 | Ehe es Tag wird 33
Kapitel 3 | Ein nagelneues Ich 49
Kapitel 4 | Ein toter alter Mensch 65
Kapitel 5 | Gottes Leben selbst erleben 79
Kapitel 6 | Frei vom Gesetz 93
Kapitel 7 | Sieg ist ein Geschenk 107
Kapitel 8 | Vom Unwert der Werte 121
Kapitel 9 | All you need is Love 135
Kapitel 10 | Von der Pflicht zum Vergnügen 151
Kapitel 11 | Menschen brauchen Menschen 165
Kapitel 12 | In der Gnade leben 185
Ein persönliches Wort 196
Zur Vertiefung 197
Bibliografie 207

Dank

An der Entstehung dieses Buches waren viele Menschen beteiligt. Es ist mir eine Freude, einigen von ihnen zu danken. Besonders erwähnen möchte ich Bill Gillham, der das Manuskript als Erster las und mich eines Morgens begeistert und des Lobes voll anrief. Er gab den ersten Anstoß, der schließlich zur Veröffentlichung führte. Bob Hawkins Junior und Eileen Mason von Harvest House machten mir auf ihre freundliche Art Mut und zeigten mir, was nötig war, um aus meinen Texten ein Buch zu machen. Die wertvollsten Hinweise für die Überarbeitung kamen von Bob Welch. Ich habe sie gern befolgt und konnte mitverfolgen, wie sich das Buch dadurch aus zarten Knospen zur vollen Blüte entfaltete. Auch Steve Millers umsichtige Begleitung während der Veröffentlichung schätze ich sehr.

Bevor ich dieses Buch zu Papier brachte, hatte es bereits in meinem Herzen Form angenommen. Gott gebrauchte viele Freunde, um das Feuer der Gnade in mir zu entfachen; doch besonders dankbar bin ich einer Gruppe enger Freunde, mit denen ich mich jede Woche traf. Die Liebe und Bestätigung in dieser »Gnaden-Gruppe« stärkten mir den Glauben dafür, dass Gott alles zustande bringen würde, was er mir ins Herz gelegt hatte. Mein besonderer Dank gilt Bob und Sheree Lykens, Keith und Vernois Wilson, Ray und Jill Wtulich, Tony und Sherry Gordon, Danny und Sue Feagin, Ron und Wylene Buchannan, Jack und Shelly Nelson und Cheryl Buchannan. Ihr lieben Freunde, es hat mir sehr gut getan, jede Woche mit euch zusammen zu sein.

Viele andere Menschen hat Gott gebraucht, um meinen Glauben zu formen. Besonders schätze ich meine vielen Freunde in Talladega (Alabama), deren Liebe und Ermutigung mir viel bedeutet. Leute, ihr habt in meinem Herzen für immer einen Ehrenplatz!

Danken möchte ich auch meiner Familie. Meine Frau Melanie ist ein Schatz. Sie war für mich schon immer eine Quelle der Inspiration und Ermutigung, und das gilt noch mehr für die Zeit, als dieses Buch entstand. Meinen Kindern Andrew, Amy, David und Amber danke ich für ihre Bereitschaft, auf Zeit mit ihrem Papa zu verzichten, damit er schreiben konnte. Ich liebe euch mehr, als jemals irgendein Vater seine Kinder geliebt hat.

Schließlich danke ich Gott, der mich beim Schreiben so gnädig geleitet hat. Der Heilige Geist weckte in mir den Wunsch, meine Lebensgeschichte aufzuschreiben und darin zu veranschaulichen, wer wir in Christus wirklich sind. Als ich zu schreiben begann, dachte ich nicht an eine Veröffentlichung. Unser liebender Vater im Himmel hat es begonnen und auch vollendet. Ich gebe ihm alle Ehre für alles Gute, das dieses Buch jemals bewirken wird.

Vorwort

Auf dem Weg der Gnade ist kein *gutes* Buch. Gute Bücher werden meistens gelesen, weil sie gerade »in« sind. Man redet darüber, dann stellt man sie ins Regal und vergisst sie. Dieses Buch dagegen ist *großartig*, eins von der Sorte, die man immer wieder zur Hand nimmt! Steve McVey hat aus dem, was die Bibel »das Geheimnis« des Evangeliums nennt, nämlich unsere Identität in Christus, ein paar echte Diamanten zutage gefördert. Seine Erklärungen, wie Gläubige diese Wahrheiten zu ihrer eigenen Lebenswirklichkeit machen können, sind hervorragend.

Damit er dieses Buch schreiben konnte, musste Steve entdecken, dass man manche Wahrheiten besser lernt, wenn man am Boden liegt, statt auf den eigenen Füßen steht. Viele Jahre war er ein »erfolgreicher« Pastor, doch dann sorgte Gott dafür, dass seine produktiven Methoden so wirkungsvoll wurden wie ein Fliegengitter an einem U-Boot. So lehrte Gott ihn eine Wahrheit, die viele von uns noch nicht begriffen haben: Der Schlüssel zu übernatürlicher, befreiender Stärke ist *unsere Schwachheit*. Ja, unsere Schwachheit. Gottes Kraft »zeigt sich am besten in schwachen Menschen« (vgl. 2 Kor 12,9). Kommunikativ begabt und biblisch bewandert, lässt Steve uns an dem teilhaben, was schon Paulus entdeckt hat: Je schwächer du bist, umso mehr kann sich Gottes Stärke in dir zeigen.

Die meisten Menschen glauben, Gott suche *starke* Leute, die ihm bei der Ausführung seines Werkes helfen; tatsächlich ist die Welt aber dazu geschaffen, die Menschen, die sich auf ihre eigene Kraft verlassen, aufzureiben. Durch diesen Abnutzungsprozess lehrt Gott uns, unser Vertrauen auf Jesus Christus zu setzen und nicht auf unser eigenes Fleisch. Sehr geschickt macht Steve uns klar: Gott will nicht, dass wir als Christen unser ganzes Erdenleben lang wie Besiegte herumlaufen. Das wäre wirklich nicht normal. Es war nie seine Absicht, dass wir ein übernatürliches Leben führen. Jesus Christus, der übernatürliche Sohn Gottes, ist der Einzige, der das jemals getan hat und immer noch übernatürlich lebt – und zwar durch Christen, die das zulassen. Es mag erstaunlich klingen, aber Christus ist mehr als der Erretter und Herr; er ist unser Leben schlechthin (Kol 3,1-4). Steve zeigt uns aus der Schrift, was Gottes Plan für uns ist: Der »Geist Christi« und wir wohnen gemeinsam in unserem irdischen Körper und werden zu engen und vertrauten Freunden und besiegen gemeinsam die Welt, das Fleisch und den Teufel.

Uneingeschränkt empfehle ich *Auf dem Weg der Gnade* jedem Christen, der sich nach einem vertrauten Wandel mit Jesus Christus sehnt. Willkommen im Leseabenteuer!

Bill Gillham
Autor von *Lifetime Guarantee*

Zehn Jahre auf dem Weg der Gnade

Als ich vor zehn Jahren mit diesen Aufzeichnungen begann, dachte ich nicht im Entferntesten daran, sie jemals zu veröffentlichen. Doch dann hatte ich irgendwann das Gefühl, ich würde vor Begeisterung explodieren, wenn ich diese Botschaft nicht weitergebe. Die Gnade tat, was sie immer tut: Sie bewegte mich dazu, Jesus noch mehr zu lieben, und weckte in mir den Wunsch, sein Leben und seine Liebe auch anderen weiterzugeben. Ich habe oft gesagt, ich hätte einen »Gnaden-Virus«. Ich habe ihn immer noch und inzwischen weiß ich, dass ich ihn – Gott sei Dank – nie loswerden werde!

Dieses Buch ist in sich selbst der schlagende Beweis für die Wahrheit, die es vermittelt: Jesus Christus will mehr *durch uns* tun, als wir jemals *für ihn* tun könnten. *Auf dem Weg der Gnade* ist bereits in neun Sprachen erschienen und weitere Übersetzungen sind in Arbeit. Ständig erhalten wir E-Mails und Briefe aus aller Welt; sie alle wiederzugeben, würde den Rahmen dieses Buches sprengen. In den Untergrundgemeinden Chinas sind über 150 000 Exemplare im Umlauf. Zehntausende Christen in ganz Lateinamerika haben das Buch erhalten. Auch Gläubige in Japan, Korea, Australien, Afrika, Indien und Russland schreiben uns, wie dieses Buch ihr Leben verändert hat. Die Liste könnte noch lange fortgesetzt werden.

Der Erfolg dieses Buches gab mir die Gelegenheit, *Grace Walk Ministries* ins Leben zu rufen, auch das war für mich ein großer Segen. Durch diesen Dienst, durch meine Bücher, durch Fernseh- und Radiosendungen sowie durch CDs und DVDs hat diese Botschaft inzwischen weltweite Verbreitung gefunden.

Über diese Botschaft von der Gnade habe ich in Untergrundgemeinden Chinas gepredigt, in Leprakolonien in Indien, in Stierkampf-Arenen und auf öffentlichen Plätzen in vielen Ländern Lateinamerikas. Ich sprach vor Studenten in Holland, vor Pastoren und Gemeinden in Japan, Korea, Großbritannien, Kanada und natürlich überall in den Vereinigten Staaten.

Alle diese Gelegenheiten und offenen Türen hängen mit diesem Buch zusammen. Vielleicht hört sich das an, als wollte ich prahlen; aber ich möchte, dass du etwas weißt und dass du weißt, dass ich es auch weiß – kein Buch ist wirklich *so* gut. Ich erwähne dies alles nur, um zu zeigen, was Gott getan hat, und um meiner Freude Ausdruck zu geben.

In anderen Worten, nicht das Buch, das du jetzt in der Hand hältst, hat Menschen verändert, sondern die lebendige Wahrheit, die darin vorgestellt wird. Nur Gott hat die Macht, Menschen zu verändern, und ich bin überzeugt: Gott erreicht sein großes Ziel am besten durch die klare Darstellung seiner bedingungslosen Liebe und grenzenlosen Gnade. Ich habe einfache Wahrheiten einfach dargestellt, und Gott in seiner Allmacht hat beschlossen, damit Großes zu tun. Und weißt du, wie man das nennt? Gnade! Mit dieser Neuauflage von *Auf dem Weg der Gnade* möchte ich nochmals bestätigen, dass alle Ehre nur Gott zukommt. Dies sagt einer, der seit 1990 auf diesem Weg der Gnade unterwegs ist. Und es wird nie langweilig! Ich bete, dass du beim Lesen dieses Buches die Umarmung deines himmlischen Vaters spürst, dass du deine Identität in Christus besser verstehst und die Kraft dieses Lebens erfährst. Ich bitte Gott, dass du diesen Wandel in der Gnade selbst erlebst und dadurch verändert wirst. Die Wahrheiten, über die ich in diesem Buch geschrieben habe, können dein Leben verändern. Das weiß ich sicher, denn genau so war es bei mir.

Steve McVey
Im Januar 2005

Kapitel 1
Erbärmliches Mittelmaß

Es war am 6. Oktober 1990 um ein Uhr nachts. Ich lag in meinem Büro auf dem Boden und weinte. Das vergangene Jahr hatte mich an den Rand meiner Kräfte gebracht. Ich hatte Gott um mehr Stärke gebeten, aber er hatte einen ganz anderen Plan: Er machte mich schwächer. So lag ich also da, völlig fertig und total verzweifelt. Noch siebzehn Stunden, dann war es Sonntagabend und ich hatte ans Rednerpult zu treten und eine Rede zur Lage der Gemeinde zu halten. Ich konnte entweder eine Erfolgsstory erfinden oder aber die Wahrheit sagen. Allerdings hatte ich weder die Kraft, mich zu verstellen, noch – offen gestanden – den Mut, ehrlich zu sein. Ich betete und weinte. Als ich fertig war, betete ich wieder und weinte noch mehr.

Es war nicht logisch. Wozu hatte Gott mich in diese Gemeinde gebracht? Nur um zu versagen? Sah er denn nicht, dass ich alles tat, was ich nur konnte? Was konnte er denn noch von mir verlangen? Ich hatte doch mein Bestes gegeben.«»Gott, was willst du denn noch von mir?« Schweigen. In diesem Moment erschien er mir Lichtjahre entfernt. Die Last des Versagens drohte mich zu erdrücken und nicht nur mein Versagen als Pastor. Ich war ein Versager als Christ. Seit ich erwachsen war, hatte ich mich Gott zur Verfügung gestellt, um sein Werk zu tun. Wenn das nicht genug war, was wollte er dann noch von mir?

In meiner vorigen Gemeinde in Alabama war ich mir wirklich erfolgreich vorgekommen. Die Leute liebten mich und gaben mir Bestätigung. Unsere Gemeinde war bekannt für ihr schnelles Wachstum, und in unserem Kirchenbezirk waren wir die Gemeinde mit den meisten Taufen. Die Wirtschaftsjunioren hatten mich als »hervorragenden jungen religiösen Leiter« anerkannt. Ich war Mitarbeiter in mehreren Ausschüssen unserer Denomination und leitete unseren Pastorentreff. Fünf Jahre lang glaubte ich, ein erfolgreicher Pastor zu sein.

Dann klingelte eines Samstagsnachmittags das Telefon. »Wir suchen einen Pastor. Dürfen wir zum Gottesdienst kommen und Ihre Predigt anhören? Anschließend würden wir gerne mit Ihnen und Ihrer Familie essen gehen.« Diese Art Einladung hatte ich in den letzten Jahren mehrfach abgewehrt, aber dieses Mal hatte ich das Gefühl, ich sollte die Leute kommen lassen.

Wochenlang sprachen wir immer wieder miteinander und schließlich war ich mir sicher, dass Gott uns zusammengeführt hatte. Ein paar Monate später folgten Melanie und ich samt unseren vier Kindern auf der Autobahn einem Umzugswagen auf dem Weg nach Atlanta. Der Gottesdienstbesuch in unserer neuen Gemeinde war seit Jahren rückläufig gewesen, aber bisher war jede meiner Gemeinden beständig gewachsen und ich war zuversichtlich, dass es auch hier so sein würde. Ich packte meine Bücher aus, meine Predigten und mein Handbuch für Gemeindewachstum und konnte es kaum erwarten, loszulegen. Bisher hatten wir in der Kleinstadt gelebt, aber dies war eine Großstadt und so viele Menschen warteten nur auf uns!

Ich zog die Schublade mit den Zuckerguss-Predigten und den bewährten Programmen heraus und machte mich an die Arbeit. Aber nichts geschah. Das war für mich etwas Neues und ich war verwirrt. Ich versuchte, die Situation zu erfassen, bat Gott noch inständiger um seine Hilfe, atmete tief durch und nahm einen zweiten Anlauf. Wir taten alles, um unsere Hauskreisleiter für ihren Dienst zu motivieren. Mit den Bereichsleitern planten wir die Umsetzung meiner Strategie. In unserem neuen Dream-Team diskutierten wir über unsere Träume für die Gemeinde und welche Ziele wir langfristig erreichen wollten. Doch im Lauf der Monate wurde aus dem Traum zunehmend ein Albtraum. Ich hatte den Leuten gesagt, am Ende meines ersten Dienstjahres würde ich zum Jubiläum eine Rede zur Lage der Gemeinde halten. Als ich jetzt die Statistik analysiert hatte, war mir klar: Unsere Gemeinde befand sich in einem erbärmlichen Zustand. Zum ersten Mal in den siebzehn Jahren meines Dienstes war eine Gemeinde im ersten Jahr geschrumpft. Ich war schockiert!

Wenn man in einer Kultur lebt, in der Erfolg das Wichtigste ist, und sich dann als Versager fühlt – das ist ein dumpfer und nur schwer zu beschreibender Schmerz. In der Filmkomödie *Großstadt-Helden* unterhält sich Mitch an seinem neununddreißigsten Geburtstag am Arbeitsplatz mit einem Freund. Er fragt: »Kommt man im Leben wohl je an den Punkt, wo man sagt: ›Jetzt habe ich's geschafft, ich bin ganz oben. Ich habe alles erreicht, besser kann es nicht werden. Aber so toll ist es gar nicht‹?«

Die amerikanische Kultur verlangt von uns, erfolgreich zu sein. Wir sind wichtig, wenn wir etwas erreicht haben. Das haben wir schon in den Windeln gelernt: Als wir unsere ersten Schritte machten, klatschten unsere Eltern Beifall. Wir sind darauf abgerichtet, durch unsere Leistung die Anerkennung anderer Menschen zu erringen. Dies bringt uns unter einen ungeheuren Erfolgsdruck.

Dieser Erfolgsdruck macht vor der Kirchentür nicht halt. Viele Christen kämpfen darum, etwas für Gott zu bewirken – nur um zu entdecken, dass ihr christlicher Lebensstil doch nicht so gut funktioniert, wie er sollte. Sie wollen wirklich für Jesus leben und haben es mit aller Kraft versucht. Aber sie sind frustriert, denn sie schaffen es nicht, ihren eigenen Ansprüchen zu genügen. Sie folgern daraus, dass ihr geistliches Leben nicht besser sein könnte, als es momentan ist, aber so toll ist es gar nicht.

Es muss doch noch mehr geben!

Der Bibel-Lehrer Charles Trumbull beschrieb seine geistliche Frustration so:

> *In meinem geistlichen Leben gab es große Schwankungen. Ich lebte nicht ständig in dem Bewusstsein der Nähe Gottes und hatte auch nicht immer Gemeinschaft mit Ihm. Manchmal erlebte ich geistliche Höhenflüge, manchmal war ich ganz unten. Eine eindrückliche, belebende Tagung, eine bewegende und aufrüttelnde Ansprache eines engagierten siegreichen Leiters in der Männerarbeit, ein herausforderndes, geisterfülltes Buch oder die Entscheidung, ein schwieriges Stück christlichen Dienstes selbst zu übernehmen einschließlich der erforderlichen Vorbereitung im Gebet – das waren die Dinge, die mich wieder auf die Beine brachten und einige Zeit in Gang hielten. Dann schien Gott ganz*

nahe und mein geistliches Leben schien wieder Tiefgang zu haben. Aber nicht lange. Manchmal war es nur eine einzige Niederlage angesichts der Versuchung, manchmal war es ein schleichender Prozess und die schönsten Erfahrungen waren dahin und ich fand mich in den nur allzu vertrauten Niederungen wieder. Niederungen sind für den Christen ein gefährlicher Ort, wie der Teufel mir immer wieder zeigte.[1]

Klingt das bekannt? Vielleicht erlebst du es im Moment ganz ähnlich. Mit acht Jahren wurde ich Christ, und für die nächsten neunundzwanzig Jahre trifft Trumbulls Beschreibung seiner Erfahrungen als Christ auch mein Erleben recht gut. Wahrscheinlich geht es nicht nur mir so. Viele, die Jesus Christus als Erlöser angenommen haben, haben sich schon insgeheim gefragt: »Ist *das* etwa *alles*? Da muss es doch mehr geben, wenn man Christ ist!« Jesus hat ihnen Leben im Überfluss versprochen, und sie *wissen*, dass das auch ihnen gilt. Aber ihr Leben kommt ihnen so mittelmäßig vor. Diese Christen wollen im Sieg leben, aber sie wissen nicht, wie das geht.

Viele Christen kämpfen darum, etwas für Gott zu bewirken – nur um zu entdecken, dass ihr christlicher Lebensstil doch nicht so gut funktioniert, wie er sollte.

Matt hatte mit Drogen und Alkohol zu kämpfen. Ich hatte dem jungen Mann schon alle guten Ratschläge gegeben, von »Lies in der Bibel« bis »Du solltest mehr beten«. Und jetzt saß er wieder in meinem Büro und ich sollte ihm helfen. »Es ist ja nicht so, dass

---

1 Charles G. Trumbull, *Victory in Christ*, 18-19.

ich mit Gott nichts zu tun haben wollte«, sagte er. »Ich bitte ihn ja um Hilfe, und es ist mir ernst damit, aber es verändert sich rein gar nichts.« Ich wusste, dass er mir nichts vormachte. Man sah ihm an, wie ernst er es meinte. Und gerade das frustrierte mich. Ich hatte ihm immer wieder dasselbe gesagt, aber bei ihm funktionierte es einfach nicht.

Irgendwie waren Matt und ich gar nicht so verschieden. Nun ja, ich war nicht drogensüchtig und hatte auch kein Alkoholproblem. *Meine* Sünden waren viel gesellschaftsfähiger. Doch trotz aller Versuche, sie loszuwerden, gab es immer noch Bereiche, in denen ich mich gebunden fühlte. Bevor Gott mir den Schlüssel zu einem siegreichen Leben zeigte, hatte ich vieles ausprobiert, aber nichts hatte funktioniert. Und Matt und ich waren nicht die Einzigen, denen es so ging. Vielleicht hast auch du schon einige von diesen Dingen probiert, um die Erfüllung zu finden, nach der du dich sehnst.

Wenn du es nicht auf Anhieb schaffst

Unsere Kultur erwartet von uns, dass wir uns Mühe geben. Von Kindesbeinen an bekommen wir zu hören: »Gib nicht auf. Kneif jetzt nicht. Probier es noch einmal, bis du es schaffst.« Der Autovermieter Avis hatte einmal den Werbeslogan: »Wir geben uns noch größere Mühe!« In der natürlichen Welt ist das lobenswert und oft erfolgreich. Aber Gottes Wege sind nicht unsere Wege. Manchmal scheinen sie den unseren sogar diametral entgegengesetzt. In der geistlichen Welt ist es geradezu schädlich, sich noch größere Mühe zu geben. Wirklich! Mit größerer Anstrengung handeln wir uns nur eine erneute Niederlage ein.

Im Blick auf die Erlösung hat wohl kein Christ ein Problem mit dem letzten Absatz. Wenn ein nicht erretteter Mensch uns sagt, er bemühe sich sehr, ein Christ zu werden, was erwidern wir ihm? Wir erklären ihm wahrscheinlich, dass er nicht errettet wird, weil er sich *bemüht*, sondern durch *Vertrauen*. Wir sagen ihm, dass er rein gar nichts tun kann, um die Erlösung zu erlangen. Es ist schon alles getan. Die Erlösung ist ein Geschenk, das man annehmen muss, keine Belohnung, die man sich verdienen kann. Wer auch nur ein klein wenig versucht, seine Errettung durch Werke zu erlangen, kann nicht Christ werden. Paulus sagte dazu: »Wenn der Grund dafür aber die Gnade Gottes war, dann geschah es nicht aufgrund guter Taten, denn sonst wäre die Gnade Gottes nicht mehr das, was sie ist: ein freies, unverdientes Geschenk.« *(Röm 11,6 NLB)*. Mit anderen Worten: *entweder* Gnade *oder* Werke. Einen dritten Weg gibt es nicht. Wir werden durch Gnade gerettet, und unser eigenes Bemühen hat damit absolut nichts zu tun.

Vielen Christen ist das ganz klar. Und doch denken sie, nach ihrer Errettung müssten sie sich dann doch Mühe geben, um siegreich leben zu können. In Wahrheit aber ist der Sieg keine Belohnung, sondern ein Geschenk! Ein siegreiches Christenleben kommt nicht dadurch zustande, dass man sich nach Kräften bemüht, für Gott zu leben. Das funktioniert nicht! Ich weiß das, denn ich habe es versucht. Hast du auch *versucht*, Gott wohlgefällig zu leben? Und hast du dadurch echten Sieg erlebt? Wir kommen darauf zurück.

Viele Jahre meines Christseins war ich gefangen in einem Kreislauf von guten Vorsätzen, Schuldgefühlen und erneuter Hingabe an Gott. Von Anfang an hatte ich in meinem Inneren ein Bild davon, wie ich sein sollte. Doch zwischen Anspruch und Wirklichkeit klaffte eine große Lücke. Manchmal war ich besonders motiviert und dann schien sie mir ein wenig kleiner. Wenn ich jemanden zu Jesus geführt oder mir viel Zeit fürs Beten oder Bibellesen genommen hatte, kam es mir vor, als würde ich die Kluft eines Tages vielleicht tatsächlich überwinden und ein siegreicher Christ sein können.

Aber dieses Gefühl hielt nie lange an. Die guten Vorsätze verblassten, der Eifer ließ nach und das Feuer erstarb. Dieser Niedergang brachte immer Schuldgefühle mit sich. Selbst wenn ich gar nichts Falsches gemacht hatte, fühlte ich mich schuldig, denn ich hatte ja nicht alles getan, was ich glaubte tun zu müssen. In diesen Phasen hatte der Teufel seine helle Freude an mir! Manchmal war mir geistlich gesehen alles egal. Dann wieder fragte ich mich, ob ich in meinem Glaubensleben jemals auf einen grünen Zweig kommen würde. Ich suhlte mich in meinem Elend, bis ich es nicht mehr aushielt. Dann bekannte ich Gott meine geistliche Trägheit und gab mich ihm aufs Neue hin. Für meine Kompromisse hatte ich dann nur noch abgrundtiefe Verachtung übrig und bat Gott um mehr Beständigkeit. Ich versprach ihm, von nun an mehr in der Bibel zu lesen, mehr zu beten, mehr Menschen für ihn zu gewinnen oder was meiner Meinung nach sonst nötig war, um mich wieder auf die richtige Spur zu bringen. Ich beschloss, mich mehr denn je zu bemühen, nun wirklich für Gott zu leben. Aber wie sehr ich mich auch mühte, nie fand ich Frieden. Nie hatte ich das Gefühl, jetzt wirklich ein guter Christ zu sein. Ich las fünf Kapitel in der Bibel und meinte, ich hätte eigentlich zehn lesen sollen. Ich führte einen Menschen zu Christus und dachte, es hätten aber zwei sein sollen.

Meine Frau Melanie sagte oft zu mir: »Du bist auch nie zufrieden.« Ich war eine klassische Typ A-Persönlichkeit, die sich bemühte, etwas für Gott zu tun. Es war eine erbärmliche geistliche Achterbahnfahrt!

Viele andere Menschen haben Ähnliches erlebt in dem Teufelskreis von guten Vorsätzen, Schuldgefühlen und erneuter Hingabe an Gott. Wenn das bei dir auch so ist, wird es nicht lange dauern, bis dir von der ständigen Schaukelei schlecht wird. Aber es gibt Hoffnung. Man *kann* aus dieser Achterbahn aussteigen. Ich weiß das, denn ich habe sie verlassen und festgestellt, dass mein Leben als Christ seitdem viel schöner geworden ist!

Du kennst die Regeln!

Recht und Gesetz sind für jede zivilisierte Gesellschaft eine wichtige Grundlage. Ohne Gesetze, die das Verhalten seiner Bürger regeln, würde ein Land in die Anarchie abrutschen. Laut Duden ist das Gesetz eine »vom Staat festgesetzte, rechtlich bindende Vorschrift«. Wir alle haben gelernt: Wer sich nicht an die Regeln hält, wird bestraft. Ob ein Kind kurz vor dem Mittagessen noch Plätzchen nascht oder ein Erwachsener 80 km/h fährt, wo nur 50 erlaubt sind – wer dabei erwischt wird, wie er die Regeln übertritt, der zahlt den Preis. Und da uns von der Wiege bis zur Bahre eingehämmert wird, dass man sich an Gesetze halten muss, übertragen wir dieses Prinzip ganz automatisch auch auf den Glauben. Nun, Gottes Gesetz ist gut, weil es eine wichtige Funktion hat. Doch viele Christen haben nicht richtig verstanden, *wozu* es da ist. Das Gesetz wurde gegeben, damit die Menschen erkennen können, wie absolut unfähig sie sind, zur Ehre Gottes zu leben. Im Alten Testament wurde Israel durch das Gesetz der Standard von Gottes Gerechtigkeit deutlich gemacht. Die Geschichte des Volkes Israel schildert ihr wiederholtes Unvermögen, den Gesetzen Gottes gerecht zu werden. Weil Gott allwissend ist, wusste er im Voraus, dass sie das Gesetz nicht halten würden.

Durch das Gesetz offenbarte Gott, dass Gerechtigkeit nicht durch äußere Regeln zustande kommen kann. Im Moment der Erlösung verstehen wir das alle, aber viele scheinen zu glauben, *nach* der Errettung würden die Regeln geändert. So mancher ist schnell dabei, darauf hinzuweisen, dass die Einhaltung religiöser Regeln niemanden zum Christen macht – und glaubt doch gleichzeitig, dass das Halten bestimmter Regeln ihm hilft, im Glauben zu wachsen. Solche Leute verbringen viel Zeit mit dem Versuch, ihre geistlichen Leistungen zu verbessern.

Eines Sonntagsmorgens nach dem Gottesdienst kam Vicki zu mir und fragte mit Tränen in den Augen: »Steve, hast du eine Minute Zeit für mich?« Wir gingen hinüber ins Büro und setzten uns. Vicki spielte nervös mit ihrem Papiertaschentuch und begann zu weinen. »Ich weiß nicht, was ich tun soll. Immer wieder habe ich mich aufs Neue Gott hingegeben. Ich lese meine Bibel, auch wenn mir das in letzter Zeit nichts gebracht hat. Ich stelle den Wecker extra früh, um Zeit zum Beten zu haben. Als Mitarbeiter für den Kindergottesdienst gesucht wurden, habe ich nicht nein gesagt und mich einteilen lassen, um dem Herrn bei den Kindern zu dienen. Aber ich fühle mich immer noch leer. Ich habe Gott gefragt, ob vielleicht noch Sünde in meinem Leben ist und ich deshalb so unglücklich bin, aber ich habe keine Ahnung, was das sein könnte. Warum habe ich nicht die Freude, die Christen haben sollten?« Wie Vicki geht es vielen Christen. Anstatt sich im Herrn zu freuen, suchte sie durch einen christlichen Lebensstil Erfüllung zu finden. Ihre eigene Unzufriedenheit ließ sie glauben, auch Gott sei mit ihr unzufrieden.

Ich wusste, wovon Vicki sprach. Viele Jahre hatte ich gedacht, wenn ich Gott so diente, wie er es meiner Meinung nach von mir erwartete, würde er mich mehr akzeptieren. Ich wusste, dass er mich immer liebt; aber ich hatte das Gefühl, manchmal würde er mich doch nicht richtig mögen. Ich stellte mir vor, wie er im Himmel sitzt und versucht, die Geduld zu bewahren – wie Eltern, deren Zorn sich gleich entladen wird, wenn das Verhalten ihres Kindes sich nicht bald bessert. Wenn ich gerade wieder in der Phase der guten Vorsätze war, tat ich alles Erdenkliche, um Gottes Wohlgefallen zu erringen. Einmal beschlossen ein Freund und ich, nichts zu essen, bis wir jemanden zum Herrn geführt hätten. Zunächst knöpften wir uns die »schweren Fälle« vor, aber allmählich wurden wir hungrig und suchten nach Gesprächspartnern, die mehr Erfolg versprachen. Schließlich brachten wir ein spielendes Kind dazu, uns das Gebet der Lebensübergabe nachzusprechen – und eilten dann unverzüglich zu McDonald's!

Manchmal fastete und betete ich stundenlang. Einmal kam ich drei Tage lang nicht aus meinem Büro. Am Ende dieser meiner »Zeit mit Gott« war ich am Verhungern und reif für die Dusche, aber ich fühlte mich Gott kein bisschen näher! Damit ich nicht falsch verstanden werde: Ich will damit nicht sagen, es sei verkehrt, noch nicht erlösten Menschen ein Zeugnis zu geben oder zu fasten und zu beten. Ich sage nur, es war lächerlich zu denken, ich könnte Gott dazu bringen, mich mehr zu lieben, als er es ohnehin schon tut.

Ich weiß nicht, wie oft ich schon Christen habe klagen hören, sie fühlten sich so unerfüllt und leer. Und daraus schlossen sie, sie müssten wahrscheinlich einfach mehr in die Kirche gehen, mehr evangelisieren, mehr beten oder endlich den Zehnten geben. Aber als einer, der das alles probiert hat und trotzdem keine Erfüllung fand, kann ich sagen: Es bringt überhaupt nichts, die eigenen Leistungen zu verbessern! Einige der unglücklichsten Menschen dieser Welt ertrinken in einem Meer von religiösem Aktivismus. Und das Traurige ist, sie meinen es wirklich ernst.

Kannst du das nachvollziehen? Wenn ja, dann bleib dran, denn ich habe gute Neuigkeiten für dich!

Warum schaffe ich es nicht?

Manche Menschen denken, Pastoren hätten alles im Griff. Aber soll ich etwas verraten? Manchmal stimmt das überhaupt nicht. Ja, hin und wieder habe ich sogar das Gefühl, es ginge alles daneben! In vieler Hinsicht sind Pastoren genauso wie andere Menschen auch. Eines Sonntags kam ein Freund unseres Sohnes David nach dem Gottesdienst mit zu uns. Am Abend erzählte er seiner Mutter: »Die sind genau wie wir!« Wie gut, dass er das schon in jungen Jahren herausfand. Im Alltag reden Pastoren ganz normal. Manchmal schreien wir unsere Kinder an und streiten mit unserer Ehefrau und machen uns Sorgen, wie wir unsere Rechnungen bezahlen sollen. Wir können uns richtig daneben benehmen und lachen über Blödsinn. Manche von uns lieben Star Trek. Wir wissen alles über Indiana Jones und Rambo. Wir können sogar mitreden, wenn es um die Typen in der neuesten Fernsehserie geht.

Hast du verstanden? Ich bin ein ganz normaler Mensch wie du. Und noch etwas haben Pastoren mit anderen Christen gemeinsam: Wir alle wollen geistlich erfolgreich sein. Im Allgemeinen glaubt man ja, Erfolg käme durch Engagement und harte Arbeit zustande. Wer als Geschäftsmann engagiert sein Ziel verfolgt, hat in unserer freien Marktwirtschaft die besten Zukunftsaussichten. Aber so funktioniert es im geistlichen Leben nicht. In der Welt wird der Erfolg an der Produktivität gemessen: Wer beeindruckende Ergebnisse liefert, gilt als erfolgreich. Erfolgreiche Leute haben gelernt, wie man die gewünschten Ergebnisse erzielt.

Aber genau das bringt uns im geistlichen Leben in Schwierigkeiten. Denn beim Christsein geht es nicht um unsere Leistung, sondern um die Person Jesus Christus. Wenn wir unser weltliches Verständnis von Erfolg auf unser Christsein übertragen, sind wir auf dem besten Weg zur Enttäuschung. Doch leider ist diese Auffassung von Erfolg auch in die Gemeinden unserer Tage eingedrungen. Wenn Paulus die Brüder traf, dann begrüßte er sie mit Worten wie »Gnade« und »Frieden«. Wie begrüßen heutige Pastoren einander? Oft genug mit der Frage: »Wie groß ist deine Gemeinde?« oder: »Wie viele Taufen hattest du im letzten Jahr?« oder gar: »Wie groß ist dein Etat?« Es ist mir peinlich, aber ich muss gestehen, dass ich früher selbst so gefragt habe. Meine Vorstellung von Erfolg in der Gemeinde war verknüpft mit Leistung und Produktivität. Und das galt auch für mein Privatleben: Um ein guter, erfolgreicher Christ zu sein, so dachte ich, müsste ich genug in der Bibel lesen, genug beten, viel evangelisieren – eben produktiver sein und mehr Leistung bringen als bisher. Mein Leben bestand nur noch aus Regeln und Routine. Kennst du das auch? Nie werde ich den Tag vergessen, an dem ich endlich begriff, dass es beim Christsein aber nicht um Regeln und Routine geht, sondern um eine Beziehung! Gott wollte nie, dass sich unser Leben um Produktivität und Leistung dreht. Im Zentrum unserer Aufmerksamkeit sollte eine Person stehen, Jesus Christus!

Viele Christen beurteilen heute ihr geistliches Leben danach, ob sie den frommen Regeln entsprechen. Alles dreht sich um ihre Leistung. Sie versuchen, den Anforderungen nachzukommen, die sie für sich selbst festgelegt haben, aber sie können ihnen nie genügen. Kein Wunder, dass sie sich vorkommen wie Versager!

Wenn Christen versuchen, Regeln zu erfüllen, dann sieht das Ergebnis so aus wie schon immer. Sie stellen fest, dass sie es einfach nicht schaffen, ganz gleich, wie sehr sie sich bemühen. Das Gesetz ist dazu da, uns begreifen zu lassen: »Ich schaffe es nicht. Ich habe es immer wieder versucht, aber ich *kann* einfach kein erfolgreiches Christenleben führen.« Wenn das auch dein Lebensgefühl ist, dann bist du dem Erfolg vielleicht näher als du denkst! Dein Gefühl der Unzulänglichkeit ist vielleicht der Auslöser, den Gott gebrauchen will, um dir ganz neu zu zeigen, was Christsein bedeutet.

> Dein Gefühl der Unzulänglichkeit ist vielleicht der Auslöser, den Gott gebrauchen will, um dir ganz neu zu zeigen, was Christsein bedeutet.

Lange glaubte ich, um als Christ erfolgreich zu sein, müsste ich mich mehr anstrengen. Aber ich machte die Entdeckung, dass es nicht darauf ankommt, unermüdlich zu arbeiten, sondern geistlich zur Ruhe zu kommen! Das ist eins der Paradoxe in der Bibel – wir müssen *beim Arbeiten ruhen!* Viele Christen fühlen sich als geistliche Versager. Und Satan weiß: Solange er dafür sorgen kann, dass sie sich als Versager sehen und fühlen, solange werden sie sich auch entsprechend verhalten.

Aber wir *können* jeden Tag im Sieg leben und uns an unserem Glauben freuen! Das christliche Leben kann eine Qualität haben, von der ich in den ersten neunundzwanzig Jahren nach meiner Bekehrung nichts wusste. Ich mache niemandem einen Vorwurf, der mir das nicht glaubt. Aber verschließe deine Augen doch bitte nicht vor der Möglichkeit, dass es auch in deinem Christsein mehr geben könnte, als du bis jetzt erlebt hast.

In all den Jahren, in denen ich mich bemühte, etwas für Gott zu tun, war es mir damit wirklich ernst. Und Gott war gnädig und gewährte mir einige wunderbare Zeiten als Christ und auch im Dienst für ihn. Doch dann begann er in meinem Leben ein Werk, das größer war als alles, was ich jemals gekannt hatte. Es war allerdings kein leichter Weg. Im Gegenteil. Sein Wirken brachte mich genau dahin, wo ich jetzt lag – auf den Boden, und ich fragte mich ernsthaft, ob ich meinen Dienst fortsetzen oder doch lieber aussteigen sollte. Was ich empfand, war mehr als Niedergeschlagenheit und Enttäuschung. Ich war verzweifelt. »Gott, wenn das alles ist, was Arbeiten für dich bedeutet, dann gehe ich. Ich will nicht mehr.« Ich glaube, Gott musste lächeln, denn genau darauf hatte er schließlich gewartet. Was er jetzt in mir begann, ließ alles, was ich bisher erlebt hatte, nun – im besten Falle mittelmäßig – erscheinen.

Kapitel 2
Ehe es Tag wird

Ein paar quälend lange Stunden lag ich also auf dem Fußboden hinter meinem Schreibtisch. Es war fast zwei Uhr früh und ich hatte keine Tränen mehr. Der Druck und die Angst, die sich im Lauf des vergangenen Jahres aufgestaut hatten, hatten sich in diesem unerwarteten Gefühlsausbruch Luft verschafft. Nun fühlte ich mich einfach müde und leer. In der Stille dieser frühen Morgenstunde gingen meine Gedanken zu einem Blatt Papier, das mir jemand vor ein paar Wochen gegeben hatte. Ich angelte es von meinem Computertisch herunter und begann zu lesen. Es war ein Zitat und handelte von der rückhaltlosen Hingabe an Gott. Auf der einen Seite war eine Liste von Dingen, die man Gott hingeben, auf der anderen eine Liste von Rechten, die man aufgeben sollte – zum Beispiel das Recht auf Erfolg, das Recht auf Angenommensein, das Recht auf angenehme Lebensumstände, das Recht auf Ergebnisse. Ich nahm das Blatt und begann, die ganze Liste durchzubeten: »Herr, ich bin es leid, um Sieg zu kämpfen. Ich habe es satt, mich im Dienst um Erfolg zu mühen.« Während ich so betete, beschloss ich, alles beiseite zu legen, was mir das Gefühl vermittelte, wichtig und wertvoll zu sein: mein Bemühen um Gemeindewachstum, meinen Hunger nach Anerkennung im Dienst, meine Ausbildung und meine Erfahrung. Irgendwann war ich dann am Ende der Liste angelangt. Dort las ich:

Ich erlaube Gott, mit mir, in mir und durch mich alles zu tun, was er will und wodurch er sich verherrlichen möchte. Früher habe ich diese Rechte für mich beansprucht, jetzt aber gehören sie Gott und er kann sie wahrnehmen, wie er will. Er kann damit tun, was ihm gefällt.

Die volle Tragweite dieser absoluten Kapitulation erfasste ich damals nicht; dennoch unterschrieb ich mit meinem vollen Namen. Ich spürte: Diese Nacht war ein Wendepunkt in meinem Leben und Dienst. Bevor ich endlich nach Hause ging, um zu schlafen, schrieb ich noch in mein Tagebuch:

Heute Morgen zwischen Mitternacht und zwei Uhr früh hat Gottes Heiliger Geist in meinem Herzen ein Erlösungswerk vollbracht und mich ganz mit sich selbst erfüllt. Die Einzelheiten sind zu intim und heilig, um sie auch nur aufzuschreiben. Aber seit mehr als achtzehn Jahren habe ich ein solches Wirken seiner Gnade nicht mehr erlebt. Dies sei mein »Eben-Eser«, der Stein, der mich an die lebensverändernde Begegnung mit ihm erinnert. »*Und Samuel nahm einen Stein und stellte ihn zwischen Mizpa und Schen auf, und er gab ihm den Namen Eben-Eser, und sprach: Bis hierher hat der HERR uns geholfen!« (1 Sam 7,12)*

Als ich an jenem Morgen mein Büro verließ, wollte ich keine neue Strategie mehr, keinen neuen Plan. Ich wollte nur noch eines – ihn. Am Abend stand ich vor der Gemeinde und berichtete, wie mir Gott in der Nacht zuvor begegnet war. Ich sagte, dass ich mich geführt sah, alle Programme und Aktivitäten einzustellen und einfach nur Gott zu suchen. Ich erklärte, was der Herr mir tief in meine Gedanken eingeprägt hatte: »Ihn möchte ich erkennen und die Kraft seiner Auferstehung und die Gemeinschaft seiner Leiden und so seinem Tode gleich gestaltet werden« (Phil 3,10 Lut). Und ich erklärte der Gemeinde auch, dass wir nicht einen neuen und noch besseren Ansatz für unsere Arbeit brauchten, sondern dass es vielmehr nötig sei, mehr von Gott selbst kennen zu lernen.

An diesem Abend hatten wir alle eine starke Begegnung mit Gott, und meine lieben Gemeindeglieder nahmen die Herausforderung bereitwillig an. Wir begannen, viel mehr als Gemeinde zu beten. Wir beteten in den Gottesdiensten. Wir starteten einen Männergebetskreis, der sich jeden Dienstagmorgen um halb sechs traf. Auch unsere Frauen begannen, zum Beten zusammenzukommen. In unseren Hauskreisen fingen wir an, ernstlich nach Gott zu suchen. Was Gott an mir persönlich getan hatte, das begann er nun auch an der ganzen Gemeinde zu tun: Er brachte uns an das Ende unserer eigenen Möglichkeiten.

Danke, das kann ich selbst

Durch das Gefühl, ein Versager zu sein, brachte Gott mich an das Ende meiner Eigenmächtigkeit. Schon bevor ich den Dienst in der neuen Gemeinde angetreten hatte, hatte ich begonnen, ernsthaft darum zu beten, dass Gott mich mehr gebrauchen würde als jemals zuvor. Was ich nicht wusste, war, dass die Gemeinde, zu der Gott mich sandte, auch darum gebetet hatte von ihm auf übernatürliche Weise gebraucht zu werden. Gott brachte uns zusammen und ließ sich die Dinge so entwickeln, dass wir an das Ende unserer eigenen Kraft kamen. Er ließ nicht locker, bis wir nur noch ihn hatten. Und das ist eigentlich gar nicht so schlecht!

Wir haben alle gelernt, uns auf unsere eigenen Strategien zu verlassen, um unsere Bedürfnisse zu stillen. Diesen Mechanismus der Selbsthilfe nennt die Bibel *Fleisch*. Jeder Mensch hat sein eigenes fleischliches Leben so entwickelt, dass er möglichst viel herausholen kann. Fleisch hat hier nichts mit unserer Haut zu tun, sondern steht für die persönlichen Methoden, mit denen wir unsere Bedürfnisse *ohne Jesus Christus* zu befriedigen suchen. Dabei muss unser Fleisch Gott gar nicht einmal ablehnen. Im Fleisch zu leben bedeutet einfach, sich auf die eigenen Fähigkeiten zu verlassen anstatt auf Gottes Möglichkeiten. Wir müssen uns unter »Fleisch« darum nicht unbedingt etwas Abstoßendes vorstellen. Es kann sehr attraktiv sein und sogar geistlich aussehen.

Paulus sagte, Christen sollten kein Vertrauen auf das Fleisch setzen. Dann beschreibt er die Methoden seines eigenen Fleisches:

... obwohl auch ich mein Vertrauen auf Fleisch setzen könnte. Wenn ein anderer meint, er könne auf Fleisch vertrauen, ich viel mehr: beschnitten am achten Tag, aus dem Geschlecht Israel, vom Stamm Benjamin, ein Hebräer von Hebräern, im Hinblick auf das Gesetz ein Pharisäer, im Hinblick auf den Eifer ein Verfolger der Gemeinde, im Hinblick auf die Gerechtigkeit im Gesetz untadelig gewesen. Aber was mir Gewinn war, das habe ich um des Christus willen für Schaden geachtet. (Phil 3,4-7)

Wenn es um Empfehlungen geht – Paulus hatte sie im Übermaß. Und doch sagte er, diese beneidenswerten Qualifikationen hätten sich nicht als Vorteil, sondern als Belastung erwiesen. Wie können natürliche Vorzüge zur Belastung werden? Wenn wir uns auf sie verlassen anstatt auf Christus. Unser Fleisch entwickelt seine eigenen Verhaltensmuster und Strategien, je nachdem, welche Faktoren uns beeinflusst haben – unsere Talente, unsere äußere Erscheinung, Reichtum, Ausbildung und vieles mehr, worauf wir uns stützen. Saulus von Tarsus hatte sein Fleisch in ein religiöses Gewand gehüllt. Viele Christen tun dasselbe. Es ist für einen Christen nichts Ungewöhnliches, seinen Bedarf an Anerkennung und Angenommensein durch sein Engagement in der Gemeinde zu decken.

Erinnern wir uns: *Eigenmächtigkeit* kann ein gutes Synonym sein für *Fleisch*. Gott möchte uns dahin bringen, dass wir in jeder Lage ganz darin ruhen, dass Christus in uns genügt. Doch wir alle haben gelernt, durch unser eigenes Handeln mit dem Leben fertig zu werden. Viele Amerikaner glauben, Gott helfe denen, die sich selbst helfen. Leider haben viele Christen genau diese falsche Philosophie verinnerlicht und glauben, Gott würde uns segnen, wenn wir »unseren Teil dazu beitragen«. Lange Zeit meines

Lebens habe ich Gott *meine* Fähigkeiten und *meine* Anstrengung gewidmet. Ich bemühte mich mit aller Kraft, etwas für Gott zu tun. Oft habe ich gebetet: »Herr, segne mein Bemühen in meinem Dienst für dich.«

Nach dem Neuen Testament ist ein Christ jedoch nicht einer, der seine eigenen Werke Gott weiht, sondern Gott selbst tut sein Werk durch den Menschen, der sich ihm völlig hingibt. Eigenmächtigkeit ist geistlich gesehen völlig wertlos. Das ist aber noch nicht das Schlimmste, was dazu zu sagen ist. Denn das könnte den Eindruck erwecken, als hätte sie keine Folgen, und das ist falsch. Etwas für Gott tun zu wollen, klingt zwar vielleicht bewundernswert, aber es hat schädliche Konsequenzen. Betrachten wir einmal den Menschen, der als Vater des Glaubens bekannt ist. Als Abraham hörte, Sarah und er würden einen Sohn bekommen, da freuten sich beide sehr. Doch als die Jahre vergingen und Sarah immer noch nicht schwanger war, beschlossen sie, Gott bei der Erfüllung seiner Verheißung ein wenig nachzuhelfen.

»Sarah«, mag Abraham gesagt haben, »ich dachte, Gott hätte mir gesagt, wir würden einen Sohn bekommen. Aber womöglich haben wir das ein wenig falsch verstanden. Vielleicht sollten wir alles tun, was wir selbst können, und dann darauf vertrauen, dass Gott den Rest tun wird.«

»Ja, Abby, so ähnlich habe ich auch schon gedacht. Vielleicht will Gott das ja ganz anders machen, als wir zuerst gemeint haben. Könnte es nicht sein, dass das versprochene Kind durch unsere Magd Hagar kommen soll?«

»Also, um ehrlich zu sein, das ist mir auch schon durch den Kopf gegangen, Sarah. Auf jeden Fall müssen wir unseren Beitrag leisten.«

Den Rest der Geschichte kennen wir. Abraham ging wirklich zu Hagar und sie wurde schwanger. Aber Ismael war nicht der

Sohn, den Gott verheißen hatte. Der Sohn der Verheißung sollte durch Sarah kommen, und zwar zu Gottes Zeit. Abraham und Sarah hatten es gut gemeint, aber in Wirklichkeit brachten sie alles durcheinander. Sie versuchten, etwas zu tun, um Gott zu helfen. Eine Folge ihrer Eigenmächtigkeit ist der andauernde Konflikt zwischen Arabern und Juden. Und das nur, weil Abraham und Sarah dachten, Gott würde *ihre* Bemühungen, ihm zu helfen, segnen.

In meinem letzten Schuljahr jobbte ich in einem Pflegeheim. Zu meinen Aufgaben gehörte es, Männer aus dem Rollstuhl ins Bett zu heben. Eines Abends ging ich in das Zimmer eines Mannes, der fast hundert Kilo wog. Ich dagegen brachte gerade einmal 65 Kilogramm auf die Waage. Nun, ich war dünn, aber ich wusste, wie man einen Patienten hebt. Man hatte mir beigebracht, wie man sich vor den Rollstuhl hinstellt, die Hände unter die Arme des Patienten legt und seine Beine mit den Knien umschließt. So konnte ich den Patienten anheben, ihn mit Schwung drehen und auf dem Bett absetzen. In der Regel funktionierte das einwandfrei, dieses Mal aber nicht. Als ich Herrn Daniel gerade auf halbem Weg zwischen Rollstuhl und Bett hatte, beschloss er, mir zu »helfen«. Eigentlich wollte er aufstehen, aber es geschah etwas ganz anderes. Sein ganzer Körper wurde steif wie ein Brett. Seine Füße schossen nach vorne und er begann, nach Halt zu suchen und um sich zu schlagen. »Nur ruhig!«, sagte ich zu ihm. »Ich halte Sie. Lassen Sie mich einfach machen.« Aber er vertraute mir nicht. Stattdessen entzog er sich meinem Griff und fiel zu Boden. Als wäre das nicht schlimm genug, verpasste er mir auch noch einen Schlag mit seinem Gehstock, der am Rollstuhl hing! Tagelang versuchte ich, sein Vertrauen zurückzugewinnen, aber er ließ mich nie wieder an sich heran. Hätte er nur nicht versucht zu helfen, wäre uns das alles erspart geblieben.

Ein eigenmächtiges Leben führt immer zu Konflikten. Jetzt weiß ich: Melanie hatte recht. Wenn ich mich weiterhin darauf konzentriert hätte, das zu tun, was meiner Meinung nach nötig war, um Gott zu gefallen, wäre ich mit meinem Leben nie zufrieden gewesen. Erst als ich lernte, mich auf die *Person* Jesu Christi auszurichten anstatt darauf, was ich für ihn tun sollte, fand ich Frieden.

Ist dein geistliches Leben auch ein einziger Krampf? Wenn du wahren Frieden willst, musst du aufhören, weiter auf deine eigenmächtigen Methoden und Muster zu vertrauen. Das ist nicht leicht, denn schließlich hast du dich dein Leben lang genau darauf verlassen. Vielleicht lässt Gott es deshalb zu, dass die widrigen Umstände deines Lebens größer werden, als die Kraft deines Fleisches stemmen kann. Und das tut weh!

Sag bloß nicht, Gott lege nie mehr auf, als wir tragen können!

Wahrscheinlich hast du auch schon unzählige Male gehört, Gott lege uns keine Last auf, die wir nicht tragen könnten. Auch auf die Gefahr hin, zum Ketzer erklärt zu werden: Das glaube ich nicht. Ich glaube, wenn Gott dich ans Ende deiner Möglichkeiten bringen will, dann legt er dir Lasten auf, die dir über die Kräfte gehen. Gott wird es zulassen, dass die Last schwerer ist, als du tragen kannst, bis du schließlich *ihm* erlaubst, sie an deiner Stelle zu tragen. Gottes Absicht dabei ist, dich an das Ende deiner eigenen Kraft zu bringen, damit du begreifst, dass er die einzige Kraftquelle ist, die du im Leben brauchst. Solange du mit deinen eigenen Fähigkeiten den Herausforderungen gerecht werden kannst, wirst du kaum verstehen, dass Gott dir nicht einfach Kraft *gibt*.

Er *ist* deine Kraft. Gott will dir nicht helfen, stärker zu werden. Er will, dass du so schwach wirst, dass *er* sich als die Kraft erweisen kann, die du in jeder Situation brauchst. Wenn du Gott gebeten hast, dich zu gebrauchen, sei nicht überrascht, wenn es schwierig wird. Denke daran: Die Schwierigkeiten gehören dazu. Sie sollen dir deine Eigenmächtigkeit nehmen und sind ein notwendiger Schritt, bevor Gott dich optimal gebrauchen kann. Ich habe Gott oft gebeten, mir in meiner Situation zu helfen, und mich gefragt, warum so gar keine Besserung erkennbar war. Im Rückblick kann ich sehen, dass Gott mir sehr wohl half – indem er es dunkel werden ließ. Ich wollte, dass er die Umstände veränderte. Aber er wollte sein Ziel *in* diesen Umständen erreichen! Wenn du Gott bittest, dir zu helfen, und es nicht besser wird, dann denke daran: *Gott weiß genau, was er tut!* Nur weil du seine Hand nicht sehen kannst, bedeutet das noch lange nicht, dass er nichts tut. Vielleicht gebraucht er genau diese Situation, um die harte Schale des Selbstvertrauens aufzubrechen, die das Leben Christi daran hindert, in dir zum Ausdruck zu kommen. Solange das nicht geschieht, erreicht kein Christ sein volles Potenzial. Watchman Nee sagt dazu:

> *Wir müssen aber erkennen, dass nur der für Gott arbeiten kann, dessen innerer Mensch sich zu äußern vermag. Die grundlegende Schwierigkeit eines Dieners Gottes liegt darin, dass es dem inneren Menschen misslingt, den äußeren Menschen zu durchbrechen. Wir müssen daher vor Gott erkennen, dass die erste Schwierigkeit in unserer Arbeit nicht in den anderen, sondern in uns selbst liegt. Unser Geist scheint in eine Hülle eingewickelt zu sein, so dass er sich nicht leicht zu äußern vermag. Wenn wir nie gelernt haben, wie wir unserm inneren Menschen im Durchbrechen des*

äußeren Menschen freie Bahn verschaffen können, sind wir nicht fähig zu dienen. Nichts vermag uns so zu hindern wie dieser äußere Mensch. Ob unsere Arbeit fruchtbar ist oder nicht, hängt davon ab, ob unser äußerer Mensch durch den Herrn zerbrochen wurde, so dass der innere Mensch durch diese Zerbrochenheit zu gehen und hervorzutreten vermag. Das ist die grundsätzliche Frage. Darum möchte der Herr unsern äußeren Menschen zerbrechen, damit dem inneren Menschen der Weg nach außen offen ist. Wenn der innere Mensch freie Bahn hat, dann wird dies Ungläubigen und Christen gleichermaßen zum Segen gereichen.«[2]

Dieses Zerbrochenwerden ist schmerzhaft, aber unumgänglich, wenn ein Christ im Dienst des Herrn optimal brauchbar werden soll. Ich bin Pastor. Sehr viele Menschen kommen zu mir in die Seelsorge. Ich weiß nicht, wie oft mir schon Menschen, die Schmerzhaftes durchmachten, geklagt haben: »Ich verstehe nicht, was das soll. Ich habe Gott gebeten, mich zu gebrauchen, und es war mir ernst. Aber je mehr ich versuche, seinen Willen zu tun, desto schwieriger wird es anscheinend.« Kennst du das auch? Betrachten wir diesen Schrei einmal im Lichte des Zerbruchs.

»Ich verstehe nicht, was das soll.« Haben wir das nicht alle schon erlebt? Es ist wichtig zu wissen: Wir müssen nicht alles verstehen, was in unserem Leben geschieht. Gott ist allmächtig, er weiß, was er tut, und manchmal ist das das Einzige, woran wir uns noch klammern können. Aber oft können wir auch ein Stück weit verstehen, was passiert, wenn wir etwas Schmerzliches erleben.

---

[2] Watchman Nee, *Freiheit für den Geist*, 15-16.

»Ich habe Gott gebeten, mich zu gebrauchen, und es war mir ernst.« Vielleicht können wir an dieser Stelle zu einer ersten zutreffenden Sicht unserer Probleme finden. Wenn wir Gott ernsthaft gebeten haben, uns zu gebrauchen, wird er dieses Gebet erhören. Aber erinnern wir uns an die Wahrheit über den Zerbruch: Gott kann einen Christen nicht optimal gebrauchen, solange er nicht aufgehört hat, auf seine eigenen Fähigkeiten zu vertrauen. Deshalb lässt er Probleme zu, die wir mit unseren eigenen Fähigkeiten nicht lösen können. Dies ist eine grundlegende Wahrheit, die wir nicht überlesen sollten. Wenn wir Gott ernsthaft gebeten haben, uns zu gebrauchen, muss er uns dazu bringen, nicht mehr auf das Fleisch zu vertrauen. Widrige Umstände können die Hand Gottes sein, mit der er uns an das Ende unserer eigenen Möglichkeiten bringen will.

»Aber je mehr ich versuche, seinen Willen zu tun, desto schwieriger wird es anscheinend.« Kaum einer will sein Leben unter widrigen Umständen verbringen. Erinnern wir uns an die Definition von »Fleisch«? Fleisch bezieht sich auf unsere Versuche, selbst mit dem Leben fertig zu werden, uns auf die eigenen Fähigkeiten zu verlassen. Ein Christ, der diesen Zerbruch nicht erlebt hat, ist es gewohnt, *für* Gott leben zu wollen. Immer wieder weiht er sich dem Herrn und beschließt, seinen Willen zu tun.

Gott will aber nicht, dass wir ihm immer wieder unser Ich mit allen seinen Fähigkeiten hingeben, sondern dass wir aufhören, alle Hoffnung auf uns selbst zu setzen. So manches Mal versuchen wir, *für* ihn zu leben, dabei will er sein Leben *durch uns* leben. Das ist ein großer Unterschied! Wenn wir Gott um Hilfe bitten, damit wir für ihn leben können, dann ist das, als würden wir um seinen göttlichen Segen für unsere Bemühungen bitten, »zu tun, was er von uns erwartet«. Aber das will er gar nicht. Es interessiert ihn nicht, was wir für ihn tun können. Jesus ist daran interessiert, sein Leben durch uns zu leben.

Ist das ein Unterschied? Aber sicher! Es ist der Unterschied zwischen Gesetz und Gnade. Das Gesetz lässt uns sagen: »Herr, hilf mir zu tun, was du von mir erwartest.« Mit anderen Worten: »Hilf mir, deine Regeln einzuhalten.« Die Gnade dagegen bringt uns dazu, zu sagen: »Herr Jesus, ich bleibe in dir und du bleibst in mir. Lebe dein Leben durch mich, wie immer du es möchtest.« Es ist unter Christen nicht unüblich zu denken, Gott habe eine lange Liste mit Dingen, die wir tun sollten. Aber in 1. Thess 5,24 lesen wir: »Treu ist er, der euch beruft; er wird es auch tun.« Jesus ruft uns nicht nur dazu auf, als Christ zu leben, nein, er selbst lebt dieses Leben für uns. Wer außer Christus könnte denn christusähnlich leben?

> Gott will aber nicht, dass wir ihm immer wieder unser Ich mit allen seinen Fähigkeiten hingeben, sondern dass wir aufhören, alle Hoffnung auf uns selbst zu setzen.

Gott beschließt also, uns in den Zerbruch zu führen, damit Christus sein Leben durch uns leben kann. Wenn wir aber weiterhin versuchen, selbst das Leben Christi zu führen, dann wird es zunehmend mühsam. Wie lange? Bis wir an das Ende unserer Eigenmächtigkeit kommen und alles Vertrauen auf unsere eigenen Möglichkeiten aufgeben. Peter Lord hat gesagt: »Wäre es nicht schrecklich, wenn wir unser Leben lang versuchen würden, Gott einen Apfelkuchen zu backen – und dann sterben wir und finden heraus, dass er gar keinen Apfelkuchen mag?«[3] Gott will

---

[3] Peter Lord ist Pastor der Park Avenue Baptist Church in Titusville (Florida) und Buchautor. Er hat einen ausgedehnten Reisedienst als Redner in Gemeinden und auf Konferenzen in ganz Amerika und darüber hinaus.

uns helfen zu verstehen, dass wir nicht errettet wurden, um etwas für ihn zu tun. Wir wurden errettet, um ihn in der engen täglichen Gemeinschaft mehr und mehr kennenzulernen. Aber was ist dann mit den guten Werken? Haben sie im Leben des Christen überhaupt noch einen Platz? Selbstverständlich! Und zwar als natürliche Folge, gleichsam als Ausfluss unserer Beziehung zu ihm, als Zeichen seines Lebens, das durch uns zum Ausdruck kommt.

Die geheime Gefahr des Dienstes

Der Dienst für den Herrn birgt eine unterschwellige, oft nicht erkannte Gefahr, vor der kein Christ gefeit ist. Gefährlich wird es dann, wenn wir mehr mit dem Dienst beschäftigt sind als mit Jesus selbst. In diese Falle tappte sogar jemand, der Jesus während seines Erdenlebens sehr nahe stand. Als Jesus nach Betanien kam und Maria und Marta in ihrem Haus besuchte, setzte Maria sich Jesus zu Füßen und hörte begierig seinen Worten zu. Marta hatte viel zu tun, um es Jesus so angenehm wie möglich zu machen. Vielleicht kochte sie oder richtete das Gästezimmer her; jedenfalls war sie ziemlich nervös, weil Gäste im Haus waren und sie doch eine gute Gastgeberin sein wollte. Sie eilte umher und natürlich entging es ihr nicht, dass Maria da saß und schwatzte, während sie die ganze Arbeit tat.

Marta aber machte sich viel zu schaffen mit der Bedienung. Und sie trat herzu und sprach: Herr, kümmerst du dich nicht darum, dass mich meine Schwester allein dienen lässt? Sage ihr doch, dass sie mir hilft! Jesus aber antwortete und sprach zu ihr: Marta, Marta, du machst dir Sorge und Unruhe um vieles; eines aber ist not. Maria aber hat das

gute Teil erwählt; das soll nicht von ihr genommen werden!
(Luk 10,40-42)

Marta war total gestresst und Maria ruhte einfach. Menschen, die Christsein mit Dienst gleichsetzen, haben ihre liebe Mühe mit Christen, deren Level an messbarer Aktivität deutlich niedriger ist. Lukas schreibt, Marta habe sich viel zu schaffen gemacht. In der englischen Bibel heißt es hier sogar, sie sei »abgelenkt« gewesen. Abgelenkt wovon? Von Jesus! Und was hatte ihre Aufmerksamkeit von Jesus abgelenkt? Richtig, der Dienst für ihn! Es war eine erschreckende Erkenntnis für mich, als der Heilige Geist mir zeigte, dass ich mich mehr mit dem Dienst beschäftigte als mit dem, der mich dazu berufen hatte. Die Betriebsamkeit im Dienst des Herrn kann die Nähe zu ihm behindern.

Jesus hätte zu Marta sagen können: »Komm, beruhige dich. Was du tust, ist gut. Aber was Maria tut, ist auch wichtig. Alles hat seine Zeit, Dienen und Ruhen. Marta, du musst es lernen, abzuwägen.« Aber das sagte er nicht. Stattdessen erwiderte er Marta: »Eines aber ist not. Maria aber hat das gute Teil erwählt; das soll nicht von ihr genommen werden!« Was ist notwendig? *Eines* – in ihm zu ruhen. Bedeutet das, es sei unwichtig, Jesus zu dienen? Keineswegs. Was meinst du, wie hätte Maria reagiert, wenn Jesus sie um ein Glas Wasser gebeten hätte? Sie wäre sofort aufgesprungen. Hätte er andererseits Marta um ein Glas Wasser gebeten, hätte sie ihn womöglich gar nicht gehört, weil sie gerade sein Bett bezog. Dabei war er gar nicht müde! Verstehst du, was ich meine? Als Christen haben wir nur eine Aufgabe, und zwar, in Christus zu ruhen. Alles andere ergibt sich daraus.

Eines Morgens, noch vor dem Gottesdienst, kam Frank zu mir. »Steve, ich muss mit dir sprechen. In letzter Zeit fühle ich mich miserabel. Ich leite eine Kleingruppe, ich bin Diakon, ich singe im Chor und mache die Buchhaltung für die Gemeinde. Ich tue für Gott, was ich nur kann, aber ich bin immer noch unglücklich. Was mache ich verkehrt?« Mit Maria und Marta im Hinterkopf – was meinst du, was könnte Franks Problem sein? Frank fühlte sich wie Marta, besorgt und beunruhigt über alles Mögliche. Vollbeschäftigt, aber unbefriedigt. Ich kenne das nur zu gut. Du auch? Es scheint geradezu ein Prinzip zu sein: Je mehr man sich bemüht, für Gott zu leben, umso schwieriger wird es – oder was meinst du?

Auch ich hatte mich voller Eifer bemüht, Gott zu dienen, und ich war frustriert und beunruhigt. Wirklich, als ich in meinem Büro auf dem Fußboden lag wie ein Häufchen Elend und nur noch weinen konnte, fühlte es sich an wie die Hölle. Doch jetzt, im Rückblick, kann ich sehen, dass Gott mich darauf vorbereiten wollte, ein Stück Himmel auf Erden zu erleben.

Kapitel 3
Ein nagelneues Ich

Als ich noch in die Schule ging, kam einmal ein Hypnotiseur in den Naturkundeunterricht. Er bat vier Schüler nach vorne und hypnotisierte sie alle gleichzeitig. Als sie in Trance waren, sagte er ihnen, beim Aufwachen würde jeder von ihnen ein Tier sein. Ein Junge würde ein Affe sein, ein anderer als Hund aufwachen. Eines der Mädchen würde ein Huhn und das andere ein Truthahn. Er sagte: »Ich zähle bis fünf und schnippe mit den Fingern, und dann wacht ihr auf.« Langsam zählte er bis fünf, dann schnippte er mit den Fingern und die Vier wachten auf, wie er es gesagt hatte.

Was dann geschah, war wirklich sehenswert: Sie verhielten sich genau wie die Tiere, die der Hypnotiseur ihnen zugeteilt hatte. Der eine Junge hüpfte gebückt herum und schlenkerte mit den Armen wie ein Affe. Er sprang auf einen Tisch und brüllte wie Cheetah bei Tarzan. Der andere Junge fing an zu bellen und lief auf allen Vieren durch den Raum wie ein Hund. Das erste Mädchen steckte die Hände in die Achselhöhlen und hockte sich hin, als wollte es Eier legen. Und das andere stolzierte umher wie ein Truthahn, kollerte so laut es konnte und kratzte mit beiden Händen auf dem Fußboden herum. Es war wirklich komisch mit anzusehen, wie sie sich genauso verhielten wie die Tiere, für die sie sich hielten. Nach einer Weile holte der Hypnotiseur sie aus der Trance zurück und ließ sie wieder ihre wirkliche Identität annehmen. Man kann sich vorstellen, wie peinlich es ihnen war, als wir ihnen erzählten, wie sie sich verhalten hatten.

Viele Christen können nicht verstehen, warum sie sich so verhalten, wie sie es tun. Sie wollen Heilige sein, aber meistens scheint das viel zu anstrengend. Normalerweise ist es viel einfacher, einfach nur »man selbst« zu sein. Aber dieser Gedanke wirft eine wichtige Frage auf: Wer *bin* ich? Viele Jahre lang wusste ich nicht wirklich, wer ich war. Ich wusste, dass ich mich Christus anvertraut hatte, als ich acht Jahre alt war, und dass ich in Richtung Himmel ging. Aber ich lebte mit einer unechten, einer falschen Identität. Ich hatte sie akzeptiert, weil ich der geballten Macht der Suggestion von Teufel, Fleisch und Welt nichts entgegenzusetzen hatte. Ich wusste, dass ich Christ war, aber ich hatte wirklich nicht begriffen, wie sehr sich meine Identität durch meine Bekehrung verändert hatte. Vielleicht hast auch du bisher mit derselben falschen Vorstellung gelebt.

Zu wissen, wer wir sind, ist absolut notwendig, um als Christ erfolgreich leben zu können. Niemand kann sich ständig auf eine Weise verhalten, die der Wahrnehmung, die er von sich selbst hat, widerspricht. Zu wissen, wer wir selbst sind, ist darum neben dem Wissen von Gott, die bei weitem wichtigste Wahrheit, über die wir verfügen können.[4] Wenn wir glauben, wir sind ein Hund, wird uns nichts davon abhalten zu bellen. Wenn wir meinen, wir wären ein Affe, kann nichts in der Welt uns daran hindern, uns anders zu benehmen. Durch die Kraft der Suggestion haben sich viele Christen vormachen lassen, sie seien etwas anderes als das, wozu Gott sie gemacht hat. Jesus hat gesagt: »Die Wahrheit wird euch frei machen.« Zu erkennen, wer wir in Christus wirklich sind, ist etwas vom Befreiendsten, das uns widerfahren kann.

Du bist ein neuer Mensch!

Deborah hatte eine Stunde lang die Defizite in ihrem Leben aufgezählt. Die meiste Zeit war sie übergewichtig gewesen und man hatte ihr zu verstehen gegeben, sie sei hässlich. Mit Tränen in den Augen erzählte sie, dass sie sich wie ein Außenseiter vorkam und immer viel zu viel redete. Ihre Eltern hatten ihr von Kindheit an das Gefühl vermittelt, sie sei dumm, und auch jetzt noch kritisierten sie ständig ihre Haushaltsführung. Ihr Ehemann meinte, es ginge ihr sicher besser, wenn sie ein wenig abnehmen würde. Es schien, als sei alles in ihrem Leben nur darauf ausgerichtet, sie davon zu überzeugen, dass sie nichts taugt.

Es bedurfte keiner besonderen seelsorgerlichen Begabung um zu verstehen, warum Deborah das Gefühl hatte, ihr geistliches Leben würde den Erwartungen Gottes nicht entsprechen. »Ich glaube, ich kann nie so ein guter Christ sein wie andere Leute«, sagte sie.

---

4 Vgl. Neil T. Anderson, *Der die Ketten sprengt*, 45-49.

Ich fragte sie: »Deborah, wenn zehn totale Annahme bedeutet, was würdest du auf einer Skala von eins bis zehn schätzen, wie Gott über dich denkt?«

»Vielleicht drei«, antwortete sie. Im Laufe der nächsten Wochen sprachen wir über ihre Antwort. Ein wirklich wichtiges Thema. Wie würdest *du* diese Frage beantworten?

Wer glaubt, dass er von Gott nicht völlig angenommen ist, wird Mühe haben, sich ihm ganz nahe zu fühlen. Es ist nicht leicht, sich mit jemanden anzuwärmen, von dem man meint, er würde einen nicht wirklich akzeptieren. Hast du dich nicht auch schon von jemandem zurückgezogen, weil du das Gefühl hattest, der andere mag dich nicht besonders? Vielleicht hat er oder sie gar nichts dergleichen gesagt oder getan. Du hattest einfach nur so ein *Gefühl*. Hattest du das Verlangen, dich diesem Menschen irgendwie anzunähern? Es widerstrebt uns wirklich, eine Beziehung zu jemandem zu knüpfen, von dem wir meinen, wir seien ihm sowieso egal. Das gilt auch, wenn dieser andere Gott ist. Es ist eine der wirksamsten Methoden Satans, den Christen einzureden, Gott runzele die Stirn, wenn er sie ansieht.

Die meisten Christen scheinen einen geistlichen Minderwertigkeitskomplex zu haben. Obwohl Gott sich in den höchsten Tönen über seine Kinder äußert, haben sie von sich selbst eine schlechte Meinung. Sie meinen, Gott habe zwar ihre Sünden vergeben und sie in seiner Gnade erlöst, aber im Prinzip sehen sie sich immer noch als Sünder, die mit Gottes Hilfe versuchen so zu leben, wie er es von ihnen erwartet. Ist das auch dein Bild von dir? Ich jedenfalls habe mich den größten Teil meines Christenlebens so gesehen. Aber diese Beschreibung eines Christen ist weit entfernt von dem, wie Gott die Menschen sieht, die durch Christus zu ihm kommen.

Nehmen wir einmal Michael Jordan, Steve Martin oder Mariah Carey. Der eine ist Sportler, der andere Komiker, sie ist Sängerin. Was haben diese Menschen gemeinsam? Ihre Identität in der Öffentlichkeit basiert auf dem, was sie *tun*. Aber nicht nur Stars und Berühmtheiten werden über ihre Tätigkeit definiert. Was antwortest du, wenn jemand dich fragt, wer du bist? Sicher nennst du zunächst deinen Namen. Und wenn man dich bittet, mehr von dir zu erzählen? Dann wird deine Antwort vermutlich zeigen, woraus du deine Identität beziehst. Und wenn du so bist wie die meisten Leute, redest du darüber, was du *tust*. Wir sind darauf programmiert, Identität untrennbar mit Tätigkeit zu verknüpfen. Aber Gott sieht das nicht so. Bei ihm bekommen wir unsere Identität nicht durch Verhalten, sondern durch *Geburt*.

Wer in die Familie Gottes hineingeboren wurde, hat eine neue Identität empfangen. »Darum: Ist jemand in Christus, so ist er eine neue Schöpfung; das Alte ist vergangen; siehe, es ist alles neu geworden!« (2 Kor 5,17). Paulus sagt, dass diejenigen, die Christus vertrauen, eine *neue* Schöpfung geworden sind. Die Wurzel des Wortes »Schöpfung« ist »erschaffen«. Das Wort bedeutet nicht, dass etwas bereits Bestehendes verbessert wird. Es bedeutet, aus nichts etwas hervorzubringen. Als du errettet wurdest, hat Gott dich nicht einfach nur verändert. Er schuf einen neuen Menschen! Du bist nicht mehr dieselbe Person, die du warst, bevor du Christ wurdest.

Lerne dein neues Ich kennen

Die Person, die geboren wurde, als du Jesus Christus dein Vertrauen schenktest, ist ein *geistliches* Wesen. Wie Gott ist auch der Mensch ein dreieiniges Wesen. Gott lebt in drei Personen, und auch wir bestehen aus drei Teilen: Körper, Seele und Geist. Dein *Körper* hat ein Sinnesbewusstsein und reagiert auf das, was ihm die fünf Sinnesorgane melden. Deine *Seele* besteht aus Verstand, Wille und Gefühlen. Ein anderes Wort für Seele ist *Persönlichkeit*. Die Seele ist sich ihrer selbst bewusst. Dein Geist war tot, als du in diese Welt hineingeboren wurdest, und er blieb tot, bis du von Neuem geboren wurdest und der Heilige Geist deinem Geist Leben einhauchte. Der Kern deiner Identität ruht in deinem *Geist*. Jemand hat einmal gesagt, der Mensch *sei* ein Geist, der eine Seele *hat* und in einem Körper *wohnt*.

Bevor du zu Jesus kamst, hattest du keine geistliche Identität. Deshalb strengen sich unerlöste Menschen so an, in dieser Welt ein Zeichen zu setzen. Sie hungern danach, eine Identität zu haben. Aber auf der Ebene von Leib und Seele ist keine befriedigende Identität zu finden. Da der Kern dessen, was wir *sind,* auf der Ebene unseres Geistes zu finden ist, betrachtet die Bibel jene, die sich außerhalb von Jesus Christus befinden, als tot, und die, die »in Christus sind« als lebendig. Paulus schreibt, Gott habe die lebendig gemacht, die tot waren »durch Übertretungen und Sünden« (Eph 2,1).

Was ist nun die Quelle, die unserem Geist Leben gibt? Kein Geringerer als Jesus Christus selbst! Wenn sich jemand ihm in Umkehr und Glauben zuwendet, kommt sein Geist in den Geist dieser Person hinein und gibt ihm Leben. Es ist also die Gegenwart Jesu im Geist des Menschen, die ihm Leben gibt. Darum besteht unsere Identität ganz einfach darin, dass wir *in Christus* sind! Er wird zu unserem Leben.»Denn ›in ihm leben, weben und sind wir‹, ... ›Denn auch wir sind von seinem Geschlecht‹« (Apg 17,28).

Leben, weben und sein – das ist eine recht gute Beschreibung von Leben. Und die Bibel sagt, dass für den Gläubigen all das *in Christus* stattfindet. In Kolosser 3,4 lesen wir, dass Christus selbst unser Leben *ist!* Wenn Jesus selbst das Herzstück unseres Seins ist, ist unsere Identität weitaus bedeutender und größer, als den meisten Christen bewusst ist!

Schauen wir uns einmal einige der ganz faszinierenden Wesenszüge an, die wir empfingen, als wir in die Familie Gottes hineingeboren und in Christus hineinversetzt wurden:

- *Du bist ein Heiliger.* In 1. Korinther 1,2 redet Paulus die Menschen in der Gemeinde in Korinth als Heilige an. Da wir dem Brief entnehmen können, dass ihr *Verhalten* nicht gerade heilig war, musste hier wohl von der Identität die Rede sein, die sie durch ihre geistliche Geburt erhielten. Im ersten Kapitel nennt er sie Heilige und im Rest seines Briefes sagt er ihnen, sie sollten auch entsprechend leben. Ist dir das unangenehm, eine Heilige, ein Heiliger genannt zu werden? Gott selbst nennt dich so! Das bedeutet nicht, dass du ein sündloses Leben führst, sondern dass Gott dich ausgesondert und das Wesen Christi in dich hineingelegt hat.
- *Du bist ein Kunstwerk Gottes.* »*Denn wir sind seine Schöpfung, erschaffen in Christus Jesus*« *(Eph 2,10).* Im griechischen Grundtext steht für »Schöpfung« das Wort *poema,* Gedicht. Gott hat dich geschaffen, damit du auf dieser Erde ein himmlisches Gedicht bist!
- *Du bist gerecht und heilig.* Du hast das Geschenk der Gerechtigkeit erhalten (Röm 5,17). Der Herr Jesus *ist* deine Gerechtigkeit. Als du ihn aufnahmst, wurde dein Geist mit Gerechtigkeit gefüllt. Deine wahre Identität sitzt in deinem Geist. Wenn dein Tun und Lassen nicht gerecht ist, dann verhältst du dich im Widerspruch zu dem, wer du wirklich bist.

- *Du bist von Gott vollständig angenommen.* Warum? Weil du *in Christus* bist (Eph 1,6). Weil Christus dich angenommen hat und weil er beim Vater vollständig angenommen ist, gilt das nun uneingeschränkt auch für dich! Du musst an dir nichts ändern, damit Gott dich annehmen kann. Gott hat dich angenommen – nicht aufgrund dessen was du tust, sondern wer du bist.

Und das ist nur die Spitze des Eisbergs! Vielleicht denkst du jetzt: »Aber ich *fühle* mich überhaupt nicht wie ein Heiliger. Ich sehe mich nicht als ein Gedicht des Himmels. Und ich benehme mich ganz sicher nicht allzu heilig und gerecht. Ich habe nicht das Gefühl, dass Gott mich so annehmen kann.« Ich kenne diesen Zustand. Aber du musst dich entscheiden, ob du dich auf deine Gefühle verlassen willst oder auf das, was Gott in seinem Wort sagt.

Satan hat schon viele Christen dazu gebracht, *zu glauben,* sie seien nicht wirklich ein neuer Mensch in Christus. Er sagt ihnen, sie müssten eben versuchen, sich wie eine neue Kreatur zu *benehmen,* das sei ihre Christenpflicht.

Aber Gott sagt etwas ganz anderes. Er sagt, dass du eine neue Schöpfung *bist.* Wenn du das erst einmal im Glauben ergriffen hast, dann hast du nicht mehr das Gefühl, etwas tun zu müssen. Du kannst einfach du selbst sein und es zulassen, dass das Wesen Christi in deinem Geist durch dich hindurchfließt und aus dir herausfließt – wie Jesus es von den Strömen lebendigen Wassers gesagt hat, die aus unserem Innersten herausfließen.

Aber warum handle ich dann nicht so, wie ich bin?

Erinnerst du dich noch an die vier Schüler, die sich unter Hypnose wie Tiere benahmen? Das taten sie, weil sie, was ihre Identität anging, vorübergehend einer Lüge glaubten. Nachdem sie aus der Hypnose erwachten und die Realität erkannten, benahmen sie sich wieder so, die sie wirklich waren.

Wie kann es nun sein, dass Menschen heilig *sind* und sich gleichzeitig *unheilig verhalten*? Warum kämpfen so viele Christen noch immer mit der Sünde und versuchen, sie zu überwinden? Weil sie einer Lüge aufsitzen! Satan, der große Betrüger, hat sie veranlasst zu glauben, sie seien im Innersten nichts als elende Sünder. Nun, das waren sie, bevor sie erlöst wurden, aber jetzt nicht mehr!

Wäre der Hypnotiseur imstande gewesen, den Glauben der vier Schüler an seine Suggestion aufrechtzuerhalten, würden sie immer noch mit den Armen schlenkern, bellen, und gackern! Aber sie erwachten aus der Trance und kamen zur Erkenntnis der Wahrheit. Genau das brauchen viele Christen unserer Tage!

Bist du vielleicht auch hypnotisiert worden und lebst zurzeit unter einer falschen Identität? Siehst du dich nur als einen begnadigten Sünder, der versucht, Gott zu dienen, so gut er es eben kann? Dann lass dich durch diese Wahrheit aufwecken! Du bist mehr. Du bist ein Heiliger und Jesus Christus lebt in dir! Ein begnadigter Sünder bringt seine Lebenszeit damit zu, die Angriffe Satans abzuwehren. Wer aber weiß, dass er ein Heiliger ist, der geht zum Angriff über.

Bob George hat ein wunderbares Bild für diese Wahrheit gefunden. Stell dir einmal vor, ein König erlässt eine Amnestie für alle Prostituierten. Angenommen, du wärst eine Prostituierte, wäre das nicht eine gute Neuigkeit? Selbstverständlich. Du müsstest keine Angst mehr haben vor der Polizei oder einer strafrechtlichen Verfolgung. Die Amnestie wäre zweifellos eine erfreuliche Nachricht für dich. Aber sie muss dich nicht unbedingt dazu motivieren, deinen Lebensstil aufzugeben.

Doch nehmen wir einmal an, der König würde die Amnestie persönlich überbringen und dich bitten, seine Frau zu werden. Wäre *das* Motivation genug, dein Leben zu ändern? Was für eine Frage! Welche Prostituierte würde nicht ihr Gewerbe aufgeben, wenn sie stattdessen Königin werden könnte? Die neue Identität als Königin wäre ihr Motivation genug, der Prostitution den Rücken zu kehren.

Als du Christ wurdest, hast du wahrscheinlich verstanden, dass dir alle deine Sünden vergeben wurden. Aber war diese Vergebung für dich Motivation genug, um dein Verhalten zu verändern? Die Bibel sagt, wir seien die Braut Christi, und diese Beziehung verschafft uns eine neue Identität![5] Das richtige Verständnis unserer Identität in Christus ist Motivation genug, um eine völlig neue Einstellung zur Sünde zu gewinnen. Doch zurück den vier hypnotisierten Mitschülern. Als sie aufwachten und erfuhren, wie sie sich benommen hatten, war es ihnen sehr peinlich. So geht es auch den Christen, die aufwachen und ihre wahre Identität in Christus erkennen. Zwar werden sie manchmal in ihre alten Verhaltensmuster zurückfallen und wieder sündigen. Aber wenn sie das tun, ist ihnen *bewusst*, dass ihr Verhalten nicht zu ihnen passt, sondern im Widerspruch steht zu ihrem Wesen. Und es wird nicht lange dauern, bis sie die Augen aufschlagen und sehen: »Das ist ja wirklich peinlich, wie ich mich da benommen habe!«

---

5 Vgl. Bob George, *Das Leben ist zu kurz, um die Hauptsache zu verpassen*, 97.

Es ist wichtig, dass wir uns so sehen, wie Gott uns sieht. Wir wissen, wie durch Metamorphose aus einer Raupe ein Schmetterling wird. Die Raupe spinnt sich in einen Kokon ein und kommt nach kurzer Zeit als Schmetterling wieder heraus.

Wenn Sie einen Schmetterling sehen, würde es Ihnen nie in den Sinn kommen zu sagen: »*He, seht euch mal diese herrliche verwandelte Raupe an!*« *Warum nicht? Schließlich war er ja eine Raupe und wurde* »*verwandelt*«. *Aber jetzt ist er ein ganz neues Geschöpf, und man beurteilt ihn nicht danach, was er einmal war. Sie sehen ihn, wie er jetzt ist – als Schmetterling.*

Und ganz genauso sieht Gott Sie als sein neues Geschöpf in Christus. Auch wenn Sie sich nicht immer wie ein guter Schmetterling verhalten – Sie landen vielleicht auf Dingen, auf denen Sie nicht landen sollten, oder vergessen, dass Sie ein Schmetterling sind, und krabbeln mit Ihren ehemaligen Raupenfreunden herum –, Tatsache ist, dass Sie niemals wieder eine Raupe sein werden![6]

Es war einfach befreiend zu verstehen, wie Gott mich in einen Schmetterling verwandelt hat. Ich war keine Raupe mehr! Ich will jetzt auf keinen Fall den Eindruck erwecken, weil ich nun begriffen habe, wer ich bin, würde ich nicht mehr sündigen. Doch wenn ich jetzt sündige, erkenne ich sehr bald, wie dumm das war. Ich weiß, dass eine sündige Einstellung oder Handlung im Widerspruch steht zu meiner neuen Natur. Bevor ich verstand, wer ich in Christus bin, hatte ich Schuldgefühle, wenn ich sündigte. Aber

---

6 Ebd., 98.

die Bibel sagt, es gebe keine Verdammnis für die, die in Christus Jesus sind. Das Urteil Gottes über unsere Sünde wurde an Jesus vollständig vollstreckt. Deshalb fühle ich mich jetzt nicht verdammungswürdig, wenn ich gesündigt habe. Der Heilige Geist macht mir einfach bewusst, wie dumm das war, was ich da getan habe. Ich werde an meine Identität in Christus erinnert und spüre den *Wunsch,* der Sünde den Rücken zu kehren und wieder als der zu leben, der ich wirklich bin – ein erlöster Heiliger, dem vollständig vergeben wurde und der vorbehaltlos angenommen ist!

Wenn es dir schwerfällt, dich als Heilige, als einen Heiligen zu sehen, dann musst du durch Gottes Wort dein Denken erneuern. Harry Ironside sprach einmal mit jemandem über berühmte Leute längst vergangener Tage, die offiziell heiliggesprochen wurden. Er fragte den anderen: »Sind Sie schon einmal einem echten Heiligen begegnet?« – »Nein, noch nie«, war die Antwort. »Aber es wäre bestimmt eine spannende Sache!« – »Freut mich, Sie kennenzulernen«, erwiderte Ironside und streckte die Hand aus. »Ich bin der heilige Harry!«

Ironside hatte recht. Im Neuen Testament werden Christen 63 Mal als Heilige bezeichnet. Wirst du dieser Tatsache Glauben schenken oder sie ablehnen? Du *warst* ein Sünder und getrennt von Gott. Aber jetzt *bist* du ein Heiliger! Sage es doch einmal laut vor dich hin: »Ich bin ein Heiliger / Ich bin eine Heilige!« Hast du vielleicht sicherheitshalber den Kopf eingezogen? Sage es einfach noch einmal und wiederhole es so oft, bis du dich dabei wohlfühlst. Glaube die Wahrheit des Wortes Gottes. Du *bist* ein Heiliger! Du *bist* eine Heilige!

Der Schmetterling, der lebte wie eine Raupe

Eine Begebenheit im Alten Testament zeigt uns sehr deutlich, dass Gott unsere Identität aus unserer geistlichen Geburt ableitet und nicht von unserem Verhalten. Abraham hatte einen Neffen namens Lot. Lot war mit seinem Onkel Abraham gegangen, als dieser auf Gottes Befehl aus Ur in Chaldäa auszog. Der junge Lot war recht wohlhabend. Wir lesen in der Bibel, dass er Schafe, Rinder und Zelte besaß. Wie sie so gemeinsam unterwegs waren, kam es zu Konflikten zwischen den Hirten Abrahams und denen von Lots Herden. Schließlich ging Abraham zu Lot und schlug ihm vor, um des Friedens willen getrennte Wege zu gehen. Er gab Lot den Vortritt in der Wahl seines Gebietes:

> *Da hob Lot seine Augen auf und sah die ganze Jordanaue; denn sie war überall bewässert, wie der Garten des Herrn, wie das Land Ägypten, bis nach Zoar hinab, bevor der Herr Sodom und Gomorra zerstörte. Darum erwählte sich Lot die ganze Jordanaue und zog gegen Osten. So trennte sich ein Bruder von dem anderen. (1 Mo 13,10-11)*

So zog Lot mit seiner Familie, seinen Hirten und seinem ganzen Besitz nach Sodom. Er traf seine Entscheidung aus rein wirtschaftlichen Gründen. Das war ein großer Fehler.

Wir lesen in der Bibel, dass Lot und seine Familie sich in Sodom problemlos einlebten. Sein Lebensstil lässt sicher keinerlei Zweifel zu: Er suchte nur seinen eigenen Vorteil. Dennoch sprach Gott zu ihm und befahl ihm, seine Familie aus Sodom herauszuführen, weil er Sodom und Gomorra vernichten wollte (1 Mo 19). Leider nahm ihn die Familie nicht ernst. Es kam ihnen sicher seltsam vor, Lot von Gottes Gericht reden zu hören. Seine Frau und die beiden Töchter mussten buchstäblich an die Hand genommen und zur Stadt hinausgezerrt werden, bevor Gott Feuer und Schwefel darauf fallen ließ. Wir wissen, was dann geschah. Lots Frau sah zurück und wurde in eine Salzsäule verwandelt. Wie würdest *du* diesen Lot beschreiben? Weißt du, wie Gott über ihn denkt?»… während er [Gott] den *gerechten* Lot herausrettete, der durch den zügellosen Lebenswandel der Frevler geplagt worden war (denn dadurch, dass er es mit ansehen und mit anhören musste, quälte der Gerechte, der unter ihnen wohnte, Tag für Tag seine *gerechte* Seele mit ihren gesetzlosen Werken)« (2 Petr 2,7-8).

Ups, ist das wirklich derselbe Mensch? Ohne jeden Zweifel. *Wie* kann Gott ihn *gerecht* nennen? Wenn im Alten Testament jemand Gott Glauben schenkte, dann schrieb Gott ihm im Gegenzug Gerechtigkeit zu. In Römer 4,3 lesen wir, dass Gott Abraham Gerechtigkeit »zurechnete«, oder »*zuschrieb*«, weil er ihm glaubte. Die Gerechtigkeit wurde Lot sozusagen als Vorschuss zugerechnet, weil Gott in seinem Herzen, trotz allem widersprüchlichen Verhalten, Glauben sah.

Rechtfertigt das sündhaftes Verhalten? Keineswegs! Wenn du einmal im Himmel bist, frage Lot, was er denn von seinem Sündigen hatte. Ich bin sicher, er wird dir sagen, sein Verhalten sei *eine große Dummheit* gewesen! Er benahm sich nicht wie der, der er wirklich war.

Aber seien wir barmherzig mit Lot, schließlich hat auch Gott ihm große Gnade erwiesen. Lot lebte im Alten Bund. Heute, im Neuen Bund, lebt Christus in uns; das war bei Lot noch nicht so. Der Unterschied zwischen Lot und den Gläubigen unserer Zeit ist groß. Den Heiligen des Alten Bundes hat Gott die Gerechtigkeit lediglich *zugeschrieben*; aber als *du* errettet wurdest, hat Gott

Gerechtigkeit in dich *hineingelegt*. Die Zurechnung der Gerechtigkeit war ein *juristischer Vorgang*; die Gabe der Gerechtigkeit hingegen, die in die Heiligen des Neuen Testaments hineingelegt wird, ist ein *tatsächliches Ereignis*. In dieser Gnadenzeit gibt Gott uns Christen die Gerechtigkeit Christi, man könnte auch sagen, er implantiert uns seine Gerechtigkeit. Lots Gerechtigkeit war eine *zugerechnete*; aber bei deiner Errettung wurde in dir Gerechtigkeit *geschaffen*. Du bist keine Raupe, glaube diese Lüge doch nicht länger. Du bist ein Schmetterling. Du hast die Freiheit, dieselben Dummheiten zu begehen wie Lot – aber warum solltest du das tun? Denk daran, wer du bist! Deine Identität hängt von deiner Geburt ab, nicht von deinem Verhalten. Warum sollte ein Schmetterling im Dreck umherkriechen wollen?

Als Gott mir zeigte, wer ich in Christus bin, war ich total begeistert. Zum ersten Mal sah ich mich so, wie er mich sah. Hast du das auch erlebt? Aber wenn du jetzt ein neuer Mensch bist, wo ist dann der alte Mensch geblieben, der du früher warst? Was ist mit ihm geschehen? Die Antwort auf diese Frage ist eines der aufregendsten Kapitel dieser Geschichte.

Kapitel 4
Ein toter alter Mensch

Einige der Geschichten, mit denen Prediger etwas auf den Punkt bringen wollen, hätten nie erzählt werden sollen. Vielleicht kennst du die von der Bulldogge und dem Terrier, die ständig aufeinander losgingen. Die Bulldogge war stark, denn sie wurde regelmäßig und gut gefüttert, während der Terrier halb verhungert und deshalb schwach war. Deshalb siegte jedes Mal die Bulldogge. Was würdest du tun, wenn du das auf Dauer ändern wolltest? Welche Frage! Du würdest den Terrier gut füttern und die Bulldogge hungern lassen. Dann würde der Terrier stärker und die Bulldogge schwächer.

Was mit dieser Geschichte gezeigt werden soll, ist, dass Christen eine alte *und* eine neue Natur in sich haben, die angeblich in ständigem Konflikt miteinander stehen. Wenn du willst, dass der Terrier in dir (deine neue Natur) die Bulldogge (deine alte Natur) besiegt, musst du deiner neuen Natur gute Nahrung geben und die Alte verhungern lassen.

Aber die Geschichte hat einen Haken – sie schildert eine Lüge. Jawohl. Sie präsentiert eine Lüge, die jeden, der sie glaubt und entsprechend handelt, unweigerlich zum Sklaven macht. Das Gleichnis verschweigt, dass die Bulldogge *tot* ist. Sie wurde getötet.

Als Gott mir zu zeigen begann, wer ich in Christus bin, war es eine ungeheure Herausforderung für mich, die Wahrheit über den Tod meines alten Menschen zu akzeptieren. Sogar beim Lesen der Bibelstellen, die ganz klar belegen, dass mein alter Mensch mit Christus gekreuzigt wurde, dachte ich nur, dass er sich dafür aber ganz schön lebendig an*fühlt*! Aber Tatsache ist, dass der alte Steve – der Mensch, der ich vor meiner Errettung war – tot ist. Damit hatte ich wirklich zu kämpfen. Und selbst nachdem mir Gott das klar gemacht hatte, konnte ich nicht verstehen, *wie* das zugegangen sein sollte. Ich kam mir vor wie der Boxer, der gegen einen Hünen von Gegner in den Ring tritt. Eine Runde nach der anderen wird er gnadenlos niedergeschlagen. Nach jeder Runde geht er beim Ton der Glocke in seine Ecke zurück, wo der Trainer ihm sagt: »Geh raus und bring ihn um! Der hat dich doch noch nicht einmal gestreichelt!« Und so geht es Runde um Runde: »Er hat dich doch noch nicht einmal gestreichelt!« Schließlich sagt der Boxer zum Trainer: »Dann achte mal besser auf den Schiedsrichter, denn irgendjemand versucht mir hier den Teufel auszutreiben!«

Ich kenne das Gefühl. Du auch? Als Gott mir den Tod meines alten Menschen offenbarte, war ich verwirrt. Ich *wusste*, dass mir jemand den Teufel ausgetrieben hatte. In einem späteren Kapitel werden wir auf *das Fleisch* und seine ständigen Attacken gegen den Christen eingehen. Im Moment aber wollen wir uns die Sache mit der alten Natur ansehen. Was du über dich selbst glaubst, kann ganz entscheidend dazu beitragen, in welchem Ausmaß du geistlichen Sieg erlebst.

Was ist deine Natur?

Natur, so sagt das Lexikon, ist der »ursprüngliche, unverfälschte Zustand, die Wesensart oder Veranlagung.« Was ist die Wesensart oder Veranlagung des Christen? Im tiefsten Inneren haben wir eine Grundbefindlichkeit, die sich danach sehnt, Gott zu verherrlichen.

Tony wollte mit mir über seinen Rückfall während der Semesterferien sprechen. »Ich habe mich letztes Jahr Jesus anvertraut und eine Wiedergeburt erlebt, aber ich kämpfe manchmal immer noch mit der Versuchung, Pot zu rauchen.« Er erklärte, wie er auf der letzten Fahrt mit einigen Kommilitonen nach Daytona Beach »irgendwie rückfällig« geworden war. »Manchmal frage ich mich, ob ich mich wirklich verändert habe«, meinte er.

Ich fragte zurück: »Tony, wie geht es dir, wenn du daran denkst, dass du Marihuana geraucht hast?« – »Miserabel«, erwiderte er, die Augen auf den Fußboden geheftet. – »Und hast du dich, bevor du Christ wurdest, beim Rauchen auch miserabel gefühlt?« »Eigentlich nicht. Ich habe immer gesagt, dass ich ja keinem damit schade.«

»Weißt du, *warum* du dich jetzt so miserabel fühlst? Weil du ein neuer Mensch geworden bist. Es entspricht nicht deiner neuen Natur, Drogen zu nehmen. Der alte Tony war vielleicht ein Partylöwe und nahm gerne Drogen. Aber dieser Lebensstil widerspricht der Natur des neuen Tony.«

Die *Freude* an der Sünde verschwindet nicht, wenn ein Mensch sich Jesus anvertraut. Aber wenn der kurzfristige Lustgewinn vorbei ist, lässt die Sünde ihn leer und unbefriedigt zurück. Hast du das auch schon erlebt? Ein Lebensstil der Sünde entspricht jetzt nicht mehr deiner Natur. Wenn es nicht so wäre, würdest du keinen inneren Konflikt erleben, wenn du sündigst. Wenn Sündigen noch deiner Natur entspräche, würde es dir nichts ausmachen zu sündigen. Es wäre für dich so normal wie das Bellen für den Hund oder das Gackern für ein Huhn. Jetzt aber hat sich deine Natur geändert und deshalb fühlst du dich äußerst unwohl, wenn du gesündigt hast.

> Wenn Sündigen noch deiner Natur entspräche, würde es dir nichts ausmachen zu sündigen. Es wäre für dich so normal wie das Bellen für den Hund oder das Gackern für ein Huhn.

Die Quelle deines neuen Lebens ist Jesus. Dein altes Ich dagegen war in der Sünde tot. Bevor du erlöst wurdest, hattest du nur eine Natur, die Natur der Sünde, manchmal auch die verdorbene Natur, Adams-Natur, natürlicher Mensch oder das alte Ich genannt. Du lebtest zu jenem Zeitpunkt *in Adam*. Gott gegenüber warst du völlig tot. Jetzt, seit du dich Christus anvertraut hast, hast du immer noch nur eine einzige Natur, aber es ist nicht mehr die Natur Adams. Tatsächlich bist du jetzt Adam gegenüber tot. Du bist *in Christus,* und deine Natur ist die Wesensart von Jesus selbst! In 2. Petrus 1,4 lesen wir, dass wir »der göttlichen Natur teilhaftig geworden« sind. Dies ist die einzige Natur des Christen. Eine andere hat er nicht.

Verstehe bitte: Gott hatte nicht die Absicht, seinen Heiligen Geist mit der alten Sünden-Natur eines Menschen zu verbinden. Er hatte nicht vor, geistlich siamesische Zwillinge zur Welt zu bringen, die zur Hälfte geistliche Kinder Satans und zur anderen Hälfte durch Christus geistliche Kinder Gottes. Jesus sagte: »Kein Haus, das mit sich selbst uneins ist, kann bestehen« (Mt 12,25). Gott würde dich nie ins sichere Verderben schicken, indem er dich »mit sich selbst uneins« sein lässt. Sicher, auch meine Erfahrungen und Gefühle »sagen« mir mitunter, ich sei ein Haus, das mit sich uneins ist. Aber da Gott mich nie in einen aussichtslosen Kampf schicken würde, muss ich in seinem Wort nach einer anderen Ursache für den Streit suchen, den ich in mir habe. Ich bin kein Haus, das mit sich selbst uneins ist.[7]

Du hast keine zwei Naturen. Die einzige Natur eines jeden Christen ist die Natur des Herrn Jesus selbst. Aber was ist dann mit der Person geschehen, die wir früher waren?

Der alte Mensch ist gestorben!

Paulus verwendet häufig den Ausdruck »der alte Mensch«, wenn er die alte Sünden-Natur beschreiben will, die uns unsere Identität verlieh, bevor wir errettet wurden. Wenn wir nun als einzige Natur die von Christus Jesus haben, stellt sich die Frage, was mit unserem alten Menschen geschehen ist. Sehen wir uns nochmals 2. Korinther 5,17 an: »Darum: Ist jemand in Christus, so ist er eine neue Schöpfung; das Alte ist vergangen; siehe, es ist alles neu geworden!«

Wir haben bereits festgestellt, dass Gott eine *neue* Person schuf, als wir uns Christus als unserem Erlöser anvertrauten. Aber was

---

[7] Bill Gillham, *Lifetime Guarantee*, 90.

geschah mit dem alten Menschen? Paulus sagt, das Alte sei »vergangen«. Wir wissen doch, was das bedeutet, wenn jemand »vergangen« ist. Ganz einfach: Er ist tot. Genau das ist mit unserer alten Sünden-Natur geschehen. Sie ist vergangen und kommt nie wieder. Vielleicht hast du nicht geglaubt, dass deine alte Sünden-Natur tot ist. Aber frage dich doch nur einen Augenblick lang: »Wäre es nicht herrlich, wenn meine Sünden-Natur wirklich tot wäre?« Und jetzt wird es spannend, denn die Bibel zeigt uns, dass unsere Sünden-Natur *tatsächlich* tot ist!

Mit Christus gekreuzigt

Ich bin mit Christus gekreuzigt; und nun lebe ich, aber nicht mehr ich [selbst], sondern Christus lebt in mir. Was ich aber jetzt im Fleisch lebe, das lebe ich im Glauben an den Sohn Gottes, der mich geliebt und sich selbst für mich hingegeben hat. (Gal 2,20)

Als Paulus sagte, er sei »mit Christus gekreuzigt«, sprach er von einem schon geschehenen Ereignis. Die im Griechischen verwendete Verbform dieses »gekreuzigt« weist darauf hin, dass es sich hier um ein historisches Ereignis handelt, das sich immer noch in der Gegenwart auswirkt. Weiter sagt Paulus: »Nun lebe ich, aber nicht mehr ich.« In diesem Vers steckt eine Wahrheit, die wir nicht ignorieren können. Wir haben mit Jesus Christus am Kreuz den Tod erlitten und leben nicht mehr.

Von wem redet Paulus, wenn er sagt: »Ich bin mit Christus gekreuzigt; und nun lebe ich, aber nicht mehr ich«? Er bezog sich auf seine Sünden-Natur. Unsere Sünden-Natur starb vor knapp zweitausend Jahren mit Jesus Christus am Kreuz. Wenn du Mühe hast, dies als Tatsache zu akzeptieren, dann frage dich einmal: »Was starb denn damals tatsächlich, wenn nicht meine alte Sünden-Natur?« Paulus lehrt hier, dass unser altes Ich für immer tot ist. Unsere Sünden-Natur wird nicht zurückkommen. Das Leben, das wir jetzt haben, ist nichts weniger als das Leben Jesu Christi selbst!

Wir sind der Sünde gestorben!

Wie sollten wir, die wir der Sünde gestorben sind, noch in ihr leben? Oder wisst ihr nicht, dass wir alle, die wir in Christus Jesus hinein getauft sind, in seinen Tod getauft sind? ... wir wissen ja dieses, dass unser alter Mensch mitgekreuzigt worden ist, damit der Leib der Sünde außer Wirksamkeit gesetzt sei, so dass wir der Sünde nicht mehr dienen; denn wer gestorben ist, der ist von der Sünde freigesprochen. Wenn wir aber mit Christus gestorben sind, so glauben wir, dass wir auch mit ihm leben werden. (Röm 6,2-3.6-8)

Zähle doch einmal nach, wie oft in diesen Versen gesagt wird, dass wir mit Christus gestorben sind. Welcher Teil von uns ist gestorben? Unser alter Mensch – diese Sünden-Natur, die wir hatten, bevor wir errettet wurden. D. Martyn Lloyd-Jones kommentierte diese Verse aus Römer 6 so:

Das ist für mich einer der tröstlichsten, erfreulichsten und herrlichsten Aspekte unseres Glaubens. Nie werden wir dazu aufgerufen, unseren alten Menschen zu kreuzigen. Warum? Weil es bereits geschehen ist – der alte Mensch wurde mit Christus am Kreuz gekreuzigt. Nirgends ruft die Schrift uns dazu auf, unseren alten Menschen zu kreuzigen; nirgends sagt die Bibel, wir sollten unseren alten Menschen loswerden – aus dem offensichtlichen Grund, weil er bereits weg ist. Wer das nicht begreift, lässt es zu, dass der Teufel sein Spielchen mit ihm treibt und ihn zum Narren hält. Du und ich, wir sollen nicht mehr länger leben, als wären wir immer noch in Adam. Den »alten Menschen« gibt es nicht mehr. Und die einzige Möglichkeit, nicht mehr länger so zu leben, als wäre er noch da, ist die, zu begreifen, dass er wirklich nicht mehr da ist. Das ist die Art, wie das Neue Testament Heiligung lehrt. Unser ganzes Problem, sagt das Neue Testament, liegt darin, dass wir nicht begreifen, wer wir sind; dass wir immer noch denken, wir seien der alte Mensch, und weiter versuchen, diesen alten Menschen fertigzumachen. Aber das wurde schon längst erledigt; der alte Mensch wurde mit Christus gekreuzigt. Er existiert nicht mehr, er ist nicht mehr da. Wenn du Christ bist, gibt es den alten Menschen, der du in Adam warst, nicht mehr; er ist nicht mehr vorhanden, er ist nicht mehr real. Du bist in Christus.[8]

Das alte Leben wurde weggenommen

»In ihm seid ihr auch beschnitten worden mit einer Beschneidung, die nicht mit Händen geschieht, als ihr nämlich euer fleischliches Wesen ablegtet in der Beschneidung durch Christus« (Kol 2,11 Lut). Gott setzte die Beschneidung ein als Zeichen

---

[8] D. Martyn Lloyd-Jones, *Romans: The New Man*, 65.

seines Bundes mit dem Volk Israel. Die Entfernung der Vorhaut jedes Mannes war ein Hinweis auf die Entfernung seiner alten Identität und die neu erworbene Bundesbeziehung zu Gott. Paulus sagt nun, dass Gott in dieser Zeit der Gnade mit seinem Volk einen neuen Bund geschlossen hat. Unter diesem neuen Bund wird die Beschneidung am inneren Menschen vollzogen, nicht mehr äußerlich an seinem Körper. Charles Stanley sagt dazu:

In der Beschneidung illustriert Gott, dass der Teil des Körpers weggeschnitten wird, der Leben erzeugt. Was er damit sagen will, ist, dass er die alte sündhafte Natur abgeschnitten, weggenommen hat, die wir von unseren Eltern empfingen und die durch Adams Natur vergiftet worden war. Diese alte Sünden-Natur in uns lässt uns ungehorsam und rebellisch sein. Bei der Erlösung befasst Gott sich mit genau dieser alten Natur. Er hat das von uns genommen, was wir bei der Geburt empfingen, diese alte sündige Natur. Nun mag jemand fragen: »Wollen Sie wirklich sagen, meine alte sündige Natur, mit der ich geboren wurde, sei einfach weggenommen worden?« Ja! Sie ist weggenommen worden. Das meint er, wenn er von der Beschneidung spricht, von diesem Wegschneiden.[9]

Bei der Beschneidung, die durch den Geist Gottes an uns geschah, wurde unser altes Leben also für immer von seiner Quelle abgeschnitten. Gott hat nicht einfach die Spinnweben entfernt, er hat die Spinne getötet! Wenn wir sündigen, verhalten wir uns darum *widernatürlich*. Unser Verhalten steht im Widerspruch zu unserer Persönlichkeit. Deshalb sagt Paulus: »Trachtet nach

---

9   Charles Stanley, »The Sufficiency of Christ«, Predigt in der First Baptist Church of Atlanta.

dem, was droben ist, nicht nach dem, was auf Erden ist; denn ihr seid gestorben, und euer Leben ist verborgen mit dem Christus in Gott« (Kol 3,2-3). Dein altes Ich ist tot!

Aber ich fühle mich nicht tot

Gefühle können wirklich täuschen. Im letzten Jahr haben wir als Familie mehrmals einen großen Freizeitpark besucht. Bei einem dieser Besuche ließ ich mich dazu überreden, den Freifall-Turm auszuprobieren. Diese Bahn wurde für Schwachsinnige entworfen, die nichts Besseres zu tun haben, als in einen kleinen Sitz zu klettern, sich anschnallen, zehn Stockwerke hoch in die Luft ziehen – und dann herunterfallen zu lassen. Ich gab also dem Druck meiner Familie nach und stellte mich in die Warteschlange, um diesen »Spaß« zu erleben. Als ich dann meinen Sitz einnahm und ein junger Mann begann, mich anzugurten, geschah etwas Eigenartiges. Meine Gefühle fingen an, zu mir zu sprechen – nein, das nehme ich zurück –, sie begannen mich anzuschreien. Mit vereinten Kräften brüllten sie: »Das ist mörderisch! Das überlebst du niemals!« Und weißt du, was: Einen Augenblick lang glaubte ich ihnen! Aber kurz bevor ich mein Leben entschwinden sah, bekam ich sie wieder in den Griff. Irgendwie konnte ich ihnen entgegenhalten: »Nein, das bringt mich *nicht* um. Ich habe Dutzenden von Leuten hier einsteigen sehen und alle kamen sie gesund und wohlbehalten wieder heraus. Diese Bahn steht schon seit Jahren hier und nie ist jemand darin gestorben. Sie wurde von Ingenieuren entwickelt und wird regelmäßig auf ihre Sicherheit überprüft. Das Ding ist ungefährlich. Ich werde es ganz sicher überleben.« Meine Gefühle erwiderten: »Na gut, aber du bekommst *ganz sicher* einen Rückenschaden!« Das alles geschah in den wenigen Sekunden zwischen dem Anschnallen und dem Fall. Meine Gefühle logen. Ich kam nicht um und trug nicht einmal einen Rückenschaden davon. Es machte sogar soviel Spaß, dass ich mein ganzes Leben davon zehren werde. Mit anderen Worten: Ich tue es nie wieder! Als ich später nochmals darüber nachdachte, amüsierte ich mich köstlich, dass ein Mann in meinem Alter wegen einer Attraktion in einem Freizeitpark so nervös werden kann (das klingt besser als »verängstigt«). Es ist nicht leicht, sich an die Tatsachen zu halten, wenn unsere Gefühle uns etwas zuschreien, was nicht der Wahrheit entspricht. Und doch stehen wir in unserem Christenleben häufig vor dieser Art von Entscheidungen. Vielleicht befindest du dich im Blick auf das, was über die alte Natur gesagt wurde, gerade in einer ähnlichen Situation. Wenn du nicht das *Gefühl* hast, deine Sünden-Natur sei tot, könntest du versucht sein, diese Wahrheit abzulehnen. Aber was machst du dann mit den Versen, die eindeutig besagen, dass wir mit Christus gestorben sind? Deine Gefühle mögen dir etwas anderes sagen, aber die Wahrheit ist: Ein Christ hat nur eine einzige Natur.

Jesus machte das sehr klar, und die Schrift insgesamt bestätigt es: Auf ein altes Gewand kann man keinen neuen Flicken nähen. Das meinte er als Gleichnis für den neuen und den alten Menschen. Es ist sinnlos, die beiden zusammenfügen zu wollen, und Gott hat Jesu Lehre nicht Lügen gestraft. Jesus sagte, man könne neuen Wein (den Heiligen Geist) nicht in alte Schläuche (die alte Natur) gießen, denn die alten Schläuche könnten die Herrlichkeit seiner Gegenwart nicht aushalten. Der neue Wein muss in neue Schläuche (die neue Natur) gefüllt werden.

Die Schrift sagt auch, Licht (den Heiligen Geist) könne man nicht mit der Finsternis (dem alten Menschen) zusammenspannen. Wir wissen, Gott würde niemals seine eigene Mahnung missachten und den alten und den neuen Menschen unter derselben Haut zusammenfügen.

Jesus sagte: »Niemand kann zwei Herren dienen« (Mt 6,24).

Jetzt frage ich dich: Warum sollte Gott alle gerade genannten Wahrheiten lehren und dann mit voller Absicht dem Christen zwei einander widerstreitende Identitäten verpassen, eine, die Gott treu ergeben, und eine andere, die ebenso treu dem Satan untertan ist? Nein! Wer nicht erlöst ist, hat einen Meister (Satan) und nicht zwei. Und auch Christen haben einen Meister (Gott) und keine zwei.[10]

Vielleicht *spürst* du nicht, dass deine Sünden-Natur tot ist, aber Gott sagt, sie ist es. Das bedeutet keineswegs, dass du von nun an sündlos leben und vollkommen sein wirst. Es bedeutet vielmehr, dass es nicht mehr deiner Natur entspricht, gewohnheitsmäßig mit der Sünde zu leben. Der Konflikt zwischen Fleisch und Geist wird andauern, so lange du auf dieser Welt lebst. Wer heilig ist, hat jedoch die Freiheit zu entscheiden, ob er sündigen will oder nicht. Durch das Leben Christi hat dein neues Ich den Wunsch, der Sünde zu widerstehen, und die Macht, siegreich zu leben.

Wenige Tage nach jener Nacht der totalen Kapitulation in meinem Büro begann Gott mir zu zeigen, wer ich in Christus in Wahrheit bin. Ich verstand, dass er mir bei meiner Erlösung eine neue Natur gegeben hatte. Und zum ersten Mal begriff ich: Mein ein alter Mensch ist wirklich tot. Doch mit der Zeit ging das

---

10 Gillham, a.a.O.

Ganze vom theoretisch-theologischen Erkennen in den Bereich der praktischen Erfahrung über. Kopfwissen allein bringt noch keinen Sieg. Wie jeder, der das Evangelium intellektuell verstanden hat und schließlich Jesus Christus aufnimmt, kam ich an den Punkt, wo aus der *angelernten* die *erlebte* Wahrheit wird. Ich hatte Gott gebeten, mein Leben zu *verändern,* aber mir wurde klar: Er wollte es *austauschen.*

Kapitel 5

Gottes Leben selbst erleben

Ich musste keine Sekunde nachdenken, sondern wusste sofort, wie ich auf den Brief in meiner Hand reagieren sollte. Vor wenigen Wochen erst hatte ich in meinem Büro auf dem Boden gelegen und vor Gott kapituliert. Ich hatte beschlossen, mich vor ihm auszuleeren. Ich hatte ihn gebeten, alles wieder in mich hineinzulegen, was er wollte. Seitdem fühlte sich alles irgendwie seltsam an. Ich hatte das Gefühl, auf einem theologischen Meer zu treiben mit nichts, woran ich mich festhalten konnte. Ich wusste jetzt, die »Beiß-die-Zähne-zusammen-und-tu-etwas-für-Gott«-Mentalität, die mich bisher angetrieben hatte, war verkehrt. Aber wie sollte ich meinen Dienst angehen? Ich war nicht einmal mehr sicher, wie man als Christ lebt. Ich hatte endlich entdeckt, dass eigene Anstrengungen nichts nützen, um im Sieg zu leben. Aber was war die Antwort? Tagtäglich hatte ich Gott gebeten, mir den Weg zu zeigen.

Und nun kam dieser Brief und brachte etwas in mir zum Klingen: Es war eine Einladung zu einem Tagesseminar von *Grace Ministries International*.[11] Der Pastor schrieb, wie das, was er auf einer früheren Konferenz gehört hatte, sein Leben umgekrempelt hatte. Schon immer hatte ich seine Arbeit bewundert und war mir sicher: Was diesen Mann so beeindruckt hatte, würde wahrscheinlich auch mir helfen. Im Laufe der Jahre hatte ich Dutzende von Seminaren besucht, und doch spürte ich in meinem Inneren, dieses würde anders sein. Und es *war* anders!

Was bei diesem Seminar vermittelt wurde, drang in mich ein wie Regen in dürres Land. In den folgenden Wochen erkannte ich immer mehr meine eigenen fleischlichen Methoden und sah, dass mein erfolgloser Kampf um Erfolg in der Gemeindearbeit Gottes Weg gewesen war, mich an das Ende meiner Eigenmächtigkeit zu bringen. Zum ersten Mal in meinem Leben begann ich wirklich zu begreifen, was meine Identität als Christ ist – Christus ist nicht einfach *in* meinem Leben, er *ist* mein Leben.

Eines Tages, als ich in meinem Büro am Schreibtisch saß, kündigte ich meine Arbeit in der Gemeinde. Ja, ich kündigte auch allen Versuchen, ein christliches Leben zu führen. »Herr Jesus«, betete ich, »ich weiß, ich habe mein Leben lang versucht, auf die falsche Art zu leben. Immer wieder habe ich versucht, für dich zu leben, in dieser Welt für dich ein Zeichen zu setzen. Mit deiner Hilfe habe ich mich bemüht, in den Gemeinden, in denen ich tätig war, etwas für dich zu wirken. Aber heute, Herr, höre ich damit auf. Ich werde es nicht länger versuchen. Ich verstehe jetzt, dass du selbst mein Leben bist. Wenn also irgendetwas getan wer-

---

11 Grace Ministries International ist eine Organisation, die vor allem Menschen innerhalb der Gemeinden helfen möchte, die Botschaft vom Kreuz mit allen ihren Auswirkungen und in allen Lebensbereichen persönlich zu erleben, darin zu reifen und wirkungsvoll an andere weiterzusagen, damit alle die Möglichkeit bekommen, Jesus Christus als ihren Erretter, ihren Herrn und ihr Leben kennenzulernen.

den muss, dann musst du es tun – durch mich. Ich will in dir ruhen, was auch immer geschieht. Du bist mein Leben.«

Wochenlang war ich emotional »ganz oben« – sozusagen auf dem Mount Everest. Ich konnte nicht aufhören, über dieses neue Leben zu sprechen, das ich *erlebte*. Ich hatte es schon die ganze Zeit in mir gehabt, aber jetzt erlebte und genoss ich endlich, was mir schon vom Tag meiner Bekehrung an gehört hatte. Ich war wie der Arme, der auf seinem Grundstück Öl entdeckt. Zwei-, dreimal am Tag rief ich Melanie an und las ihr begeistert vor, was ich in Bill Gillhams *Lifetime Guarantee*[12] entdeckt hatte. Ich spürte »eine Predigt kommen« und griff zum Telefon, um sie ihr vorzutragen. Melanie sagte später im Scherz, sie hätte gedacht, ich sei nochmals errettet worden. Nun ja, das war ich auch. Zumindest fühlte es sich so an.

Dieses ausgetauschte Leben ist nicht etwa ein zweites Werk der Gnade. Es ist ein neues Bewusstsein, ein Anerkennen des ersten Werkes von Gnade Gottes an uns!

Dieses ausgetauschte Leben ist nicht etwa ein zweites Werk der Gnade. Es ist ein neues Bewusstsein, ein Anerkennen des ersten Werkes von Gnade Gottes an uns! Als ich dieses Gebet sprach, erhielt ich von Gott nichts Neues. Vielmehr begann ich mich an dem zu *freuen*, was Gott mir schon gegeben hatte, als ich mit acht Jahren wiedergeboren wurde. Kurz darauf begann auch Melanie

---

12 *Lifetime Guarantee* ist eine gründliche Studie darüber, wie sich das Fleisch in jedem Menschen entwickelt und wie man das überfließende Leben erfahren kann, das der empfängt, der sich Christus als sein Leben zu eigen macht. Es ist eines der besten Bücher zu diesem Thema.

zu verstehen, was das für sie bedeutet: Christus selbst ist mein Leben. Seither ist für uns beide alles anders geworden.

Aber denke jetzt bitte nicht, ein solch euphorisches Gipfelerlebnis sei nötig, um zu bestätigen und untermauern, dass Christus selbst dein Leben ist. Wie jemand gefühlsmäßig auf eine geistliche Erkenntnis reagiert, hängt von der Persönlichkeit jedes Einzelnen ab. Melanie ergriff dieses »Christus selbst ist mein Leben« ohne den Aufruhr der Gefühle, den ich erlebt hatte. Bei ihr war es einfach Glauben ohne große Gefühle. Und doch hat das Erkennen dieser Wahrheit in ihr eine Veränderung bewirkt, die genauso radikal ist wie bei mir. Für jeden von uns waren nicht Emotionen ausschlaggebend, sondern der *Glaube*. Darum ist es für den Christen nicht klug, auf irgendeine emotionale Bestätigung zu warten, wenn er Christus als sein Leben begreift. Es gilt für jeden Aspekt des christlichen Wandels: Gefühle sind Beigaben, nicht die Basis.

Christus ist unser Leben

Alles, was zum Leben und zur Frömmigkeit dient, hat uns seine göttliche Kraft geschenkt durch die Erkenntnis dessen, der uns berufen hat durch seine Herrlichkeit und Kraft. Durch sie sind uns die teuren und allergrößten Verheißungen geschenkt, damit **ihr dadurch Anteil bekommt an der göttlichen Natur,** *die ihr entronnen seid der verderblichen Begierde in der Welt. (2 Petr 1,3-4 Lut)*

Der Geist ist Wesen und Kern des menschlichen Seins. Bevor wir uns Christus anvertrauten, hatten wir keine sinnvolle Identität, weil unser Geist tot war. Aber als wir Jesus Christus unser Vertrauen schenkten, kam der Geist Christi in uns hinein, und wir erhielten eine in Christus gegründete Identität. Petrus sagt, wir hätten Anteil an seiner göttlichen Natur bekommen. Da der Geist Christi bei der Bekehrung in den Geist eines Menschen hineinkommt und weil unser wahres Wesen auf der geistlichen Ebene zu finden ist, ist jemand, der an Jesus Christus glaubt, damit ein *Christ* geworden.

Wenn du sagst, du seist Christ, dann bezieht sich das nicht einfach auf die spezifischen Glaubenslehren, an denen du festhältst. Es bezieht sich auch nicht auf deinen Lebensstil. Diese Aussage weist vielmehr darauf hin, was du im tiefsten Inneren wirklich *bist*. Im Zentrum deines Lebens ist Christus! Er ist dein eigentliches wirkliches Leben geworden! »Wer aber dem Herrn anhängt, ist [ein] Geist mit ihm« (1 Kor 6,17). Als du Christus aufnahmst, wurdest du auf ewig mit ihm zusammengefügt. Er lebt jetzt in dir und möchte sein Leben durch dich leben.

Jemand hat einmal gesagt, Jesus habe sein Leben *für uns* gegeben, damit er es *an* uns weitergeben und *durch* uns leben könne. Ein Gläubiger ist eins geworden mit Christus. Wenn wir in ihm ruhen, wird er sich durch unseren Lebensstil äußern. Die Identität des Christen ist nicht abhängig von seiner Position in dieser Welt, sondern beruht auf seiner Beziehung zu Jesus Christus! Paulus drückte es so aus: »… und er ist deshalb für alle gestorben, damit die, welche leben, nicht mehr für sich selbst leben, sondern für den, der für sie gestorben und auferstanden ist. So kennen wir denn von nun an niemand mehr nach dem Fleisch« (2 Kor 5,15-16a).

In Jesus Christus ist alles zu finden, was das Leben eines Christen ausmacht! Das christliche Leben hat nicht etwas zu tun *mit* Christus. Es *ist* Christus! Gott möchte jeden Christen dahin bringen, wo er nicht mehr für sich selbst leben, sondern zulässt, dass Christus sein Leben durch uns lebt.

Shelly hatte gerade gebetet und Jesus Christus in ihr Leben aufgenommen. Als sie mein Büro verließ, hatte sie wie jeder junge Christ den aufrichtigen Wunsch, so zu leben, wie es sich für einen Christen gehört. Sie war die erste Person, die ich zu Jesus führte, *nachdem* ich begriffen hatte, was Gnade für das Leben eines Christen bedeutet. Früher hätte ich ihr wohl eine Liste mit Dingen gegeben, die ein junger Christ tun sollte, um es von Anfang an richtig zu machen. Aber diesmal ging ich die Sache anders an. Ich zählte nicht auf, wie sie sich »geistlich« verhalten müsste. Stattdessen sagte ich ihr, dass Christus ihr Leben ist und alles, was sie tut, geistlich ist, wenn sie nur in ihm bleibt. Ich erklärte ihr, der Heilige Geist in ihr würde ihren *Wunsch* wecken, Gott zu ehren. Ich betonte, wie ihre Identität sich in den letzten Minuten verändert hatte. Ich zeigte ihr anhand der Bibel, dass sie jetzt Anteil an Gottes Natur hatte und eins geworden war mit Christus. Ich ermutigte sie, einfach jeden Moment so zu leben, dass Jesus sein Leben durch sie leben konnte. Und ich war begeistert über das, was sie dann sagte. Das hatte ich noch nie aus dem Mund eines frisch gebackenen Christen gehört! Ja, ich selbst hatte neunundzwanzig Jahre meines christlichen Lebens gebraucht, um es zu entdecken. »Als Christ zu leben ist einfach, wenn man einfach ihn machen lässt.« Shelly war keine reife Christin. Sie war noch nicht einmal getauft. Und doch hatte sie es erkannt und laut ausgesprochen: Als Christ zu leben ist einfach, wenn man einfach ihn machen lässt.

Warum kann ich nicht wie ein Christ leben?

Was würdest du sagen, ist Christsein leicht oder schwer? Viele Jahre hindurch habe ich mich immer wieder neu dem Herrn geweiht. Aber ganz gleich wie sehr ich für Christus leben wollte und wie sehr ich mich auch bemühte, ich blieb in einem Kreislauf der Unbeständigkeit. Ich wollte von Herzen konsequent sein, aber ich schaffte es einfach nicht. Kennst du das auch? Falls ja, dann habe ich ein paar gute und ein paar schlechte Nachrichten für dich. Die schlechten zuerst: *Du wirst es nie schaffen, als guter Christ zu leben.* Je mehr du dich anstrengst, umso sicherer wirst du scheitern. Sich Mühe zu geben wird *immer* zu Frustration und Misserfolg führen.

Als Pastor habe ich viele Kranke besucht und viele Krankenhäuser von innen gesehen. Oft habe ich Menschen besucht, die künstlich beatmet wurden. Ich habe miterlebt, wie sie nach einer Herzoperation aufwachten und am Beatmungsgerät hingen. Manche Menschen haben wirklich Probleme mit diesen Maschinen und zwar vor allem die, die sich *bemühen*. Das Beatmungsgerät ist dazu da, für sie zu atmen. Der Patient braucht sich nur zu entspannen. Wenn er aber in Panik gerät und versucht, selbst zu atmen, ertönt das Alarmsignal und er fühlt sich unwohl, weil er gegen eine Maschine ankämpft, die ihm eigentlich helfen soll. Ich habe mir sagen lassen, es sei ein beängstigendes Gefühl.

Das Christsein ist durchaus mit dem Atmen zu vergleichen. Ja, das griechische Wort für »Geist«, *pneuma,* kann auch mit »Atem« übersetzt werden. (Das sieht man zum Beispiel am Begriff *Pneumonie* für Lungenentzündung.) Gott hat nie gewollt, dass das Leben des Christen ein mühsamer Krampf ist. So natürlich wie der Atem sollte vom Leben eines Christen der Heilige Geist in die

Welt fließen. Leider hyperventilieren viele Christen in dem Bemühen, etwas für Gott zu tun.

Das waren die schlechten Nachrichten, aber es gibt auch gute: *Christus wird sein Leben durch dich leben.* Gott hat nie gewollt, dass du ein christliches Leben führst – das kann nur Christus selbst! Aber er ist jederzeit bereit, es durch dich zu leben, wenn du ihn lässt!

Viele Menschen in unseren Gemeinden sind total erschöpft von den ständigen Versuchen, Gott zu dienen. In manchen Gemeinden braucht man schon fast die Kondition eines Marathonläufers! Die Langstreckenläufer in einer Gemeinde sind leicht zu erkennen. Sie lassen sich immer wieder zum Laufen ermuntern, bis sie schließlich zusammenbrechen. Bitte verstehe mich jetzt nicht falsch. *Geistlicher Dienst* ist ganz in Ordnung, aber *religiöse Aktivität* ist keinen Cent wert. Viele Christen sind ausgebrannt, weil sie fälschlicherweise angenommen haben, sie müssten immer weitermachen, egal wie müde sie sind oder wie sehr sie es verabscheuen. Viele leiten einen Hauskreis, singen im Chor, halten Kindergottesdienst, machen Besuchsdienst, Telefonanrufe und so weiter, weil sie meinen, das sei ihre Pflicht. Aber trotz allem Engagement sind sie geistlich, seelisch und körperlich erschöpft. Ihre Last ist schwer, aber sie machen weiter, schließlich sind sie ja »hingegebene Christen«.

Trifft diese Beschreibung vielleicht auch auf dich zu? Dann lies doch einmal, was Jesus über den geistlichen Dienst zu sagen hatte:

*Kommt her zu mir alle, die ihr mühselig und beladen seid, so will ich euch **erquicken**! Nehmt auf euch mein Joch und lernt von mir, denn ich bin sanftmütig und von Herzen demütig; so werdet ihr **Ruhe** finden für eure Seelen! Denn mein Joch ist **sanft** und meine Last ist **leicht** (Mt 11,28-30).*

Wie passt das zum Lebensstil vieler Christen unserer Tage? Jesus beschreibt das Christsein mit Wörtern wie »Ruhe«, »sanft« und »leicht«. Wenn dies nicht auch auf deinen Lebensstil zutrifft, dann hast du noch nicht die Qualität des christlichen Lebens kennengelernt, die Gott für dich bereithält. Ich spreche jetzt nicht über deine Lebensumstände. Ich meine deinen geistlichen Zustand. Wenn du dich erbärmlich fühlst in deinem Dienst für Gott, dann stimmt etwas nicht! Warum gibt es in unseren Gemeinden so viele Erschöpfte? Warum haben es so viele Christen satt, sich erfolglos mit einem christlichen Lebenswandel abzumühen? Sie haben vieles gemeinsam mit den Patienten, die versuchen, dem Beatmungsgerät »nachzuhelfen«. Sie arbeiten dem Plan Gottes für ein christliches Leben geradezu entgegen.

Der Leib Christi

Während seines irdischen Wirkens lebte Jesus in einem menschlichen Körper. Bei der Himmelfahrt wurde sein Leib von einer Wolke in den Himmel aufgenommen. Und doch lehrt das Neue Testament ganz klar, dass Jesus bis heute seinen Dienst in der Welt fortsetzt. Tut er das ohne einen Körper? Nein. Die Bibel sagt, dass wir heute der Leib Christi in der Welt sind. Christus lebt in uns und möchte seinen Dienst durch uns fortführen.

> *Oder wisst ihr nicht, dass euer Leib ein Tempel des in euch wohnenden Heiligen Geistes ist, den ihr von Gott empfangen habt, und dass ihr nicht euch selbst gehört? Denn ihr seid teuer erkauft; darum verherrlicht Gott in eurem Leib und in eurem Geist, die Gott gehören! (1 Kor 6,19-20)*

Der Herr Jesus hat in dieser Welt immer noch einen Körper – seine Gemeinde! Wenn der Geist Jesu in dir lebt, bist du ein Teil des Leibes Christi. Gott will, dass du dich ihm vorbehaltlos hingibst und nicht nur zulässt, dass Christus in deinem Körper lebt, sondern dass er seinem Leben durch dich Ausdruck verleiht. Jeder geistliche Dienst sollte eine Folge davon sein, dass der Geist Christi durch dich wirkt. Es ist *seine* Verantwortung, die christliche Arbeit zu. *Deine* Verantwortung ist es, dich ihm total zu überlassen.

Die eigenen Bemühungen sind für viele Christen ein großes Hindernis, um die Ruhe zu genießen, die Jesus versprochen hat. Viele sind so darauf getrimmt zu glauben, sie müssten »etwas für Gott tun«, dass sie sich ständig bemühen, immer noch mehr zu machen. Viele haben *sich selbst* immer wieder Gott hingegeben. Doch gerade dieses »Selbst« steht einem siegreichen Christsein im Weg. Solange *wir* uns selbst bemühen, als Christen zu leben, hindern wir Christus daran, sein Leben durch uns zu leben. Aber warum bemühen Christen sich immer noch, aus eigener Anstrengung heraus ein christliches Leben zu führen?

Sie wissen es nicht besser. Viele Christen glauben ernsthaft, Gott erwarte von ihnen nichts anderes, als für ihn zu leben, so gut es ihnen irgend möglich ist. Das klingt logisch, oder nicht? Kann Gott denn mehr erwarten, als dass wir uns nach Kräften bemühen? Deshalb tat auch ich mein Bestes, um für Gott zu leben. Doch sich nach Kräften bemühen, um im Sieg zu leben, nachdem man Christ geworden sind, ist genauso erfolglos wie alles Bemühen, Christ zu werden.

Ihre Anstrengungen vermitteln ihnen Befriedigung. Aus eigener Anstrengung ein christliches Leben zu führen verhilft nicht zu geistlicher Ruhe und auch nicht zum Frieden; doch oft verschafft es Erfolgserlebnisse, die dem Ego gut tun. Wer das Gefühl hat, nicht im geistlichen Sieg zu leben, kann sich darauf verlegen, seine Bestätigung in frommen Erfolgen zu suchen. Doch zwischen Befriedigung und Zufriedenheit ist ein großer Unterschied. In meiner Tätigkeit als Pastor habe ich im Lauf der Jahre viel Befriedigung erlebt. Wenn der Gottesdienstbesuch zunahm, war ich befriedigt. Wenn meine Predigten gelobt wurden, fühlte ich mich bestätigt. Wann immer das *Ergebnis* meiner Arbeit den *Wert* meiner Bemühungen zu bestätigen schien, fühlte ich mich richtig gut. Aber all die Bestätigung durch positive Ergebnisse reichte nie aus, um mich zufriedenzustellen. Ich wollte *noch mehr* Erfolg haben.

Das ist das Problem, wenn wir aus unseren eigenen Möglichkeiten heraus leben. Das Fleisch kann bestätigen, aber nie und nimmer wirklich befriedigen. Wahre Befriedigung finden wir nur in unserer Beziehung zu Jesus Christus, nicht in dem, was wir für ihn tun. Der Song »Satisfaction« von den Rolling Stones könnte die Erkennungsmelodie vieler Christen sein, die von eigenem Bemühen angetrieben werden. Vielleicht kommen sie damit geistlich gesehen keinen Meter voran, aber sie steigern zumindest ihre religiöse Drehzahl! Man kann in der Gemeinde hoch angesehen sein, obwohl das, was man tut, für Gott überhaupt keine Bedeutung hat. Jemand hat einmal gesagt: »Gott freut sich nicht an dem, was er nicht selbst in Gang gesetzt hat.« Andere Gemeindeglieder allerdings mögen sich sehr darüber freuen!

Sie sind motiviert durch Schuldgefühle. Viele Christen schämen sich unablässig und meinen, nicht genug für Gott zu tun. Dawn hatte in ihrem Elternhaus Schuldgefühle für alles und jedes eingetrichtert bekommen. Die häufigste Frage ihrer Mutter, so erinnert sie sich, war: »Schämst du dich nicht?« Wenn sie den Teller nicht leer gegessen hatte, bekam sie zu hören: »So viele Menschen verhungern, schämst du dich denn nicht?« Wenn sie ihrer Mutter nicht gehorchte, hieß es: »Nach allem, was ich für dich getan habe, schämst du dich denn nicht?« Ganz gleich, ob sie sich gut benahm oder nicht, immer wurde ihr um die Ohren gehauen: »Schämst du dich denn nicht?«

Als Erwachsene war Dawn eine immer gut beschäftigte Christin, aber sehr glücklich war sie dabei nicht. Trotz all ihrer frommen Aktivitäten hörte sie immer noch eine leise Stimme wispern: »Schämst du dich denn nicht?« Menschen wie Dawn werden getrieben von dem Gedanken, was sie ihrer Meinung nach Gott *schuldig* sind, und bringen ihr Leben damit zu, sich noch mehr anzustrengen. Sie begreifen nicht, dass Gnade nie zurückgezahlt werden kann. Gnade hat keinen Preis – nicht weil sie wertlos wäre, sondern weil sie unbezahlbar ist. Diese Menschen verstehen nicht, dass Gott alles tun kann, was er getan haben will. Er will nicht das, was du *tun* kannst. Jesus sagt, getrennt von ihm können wir nichts tun. Stattdessen möchte er *dich*.

Sie hoffen, dadurch Gottes Wohlgefallen zu erlangen. Manche Christen glauben, Gottes Wohlgefallen sei davon abhängig, wie treu sie ihm dienen. Aber Gottes Liebe und sein Wohlgefallen sind absolut bedingungslos. Ich habe tatsächlich Eltern zu ihrem Sohn sagen hören: »Jetzt sei schön brav, dann hat Gott dich lieb!« Nichts könnte verkehrter sein! Das Verhalten eines Menschen hat absolut keinen Einfluss auf Gottes Liebe. Gott liebt dich, weil er das in seiner Gnade so *beschlossen* hat. Du kannst nichts tun, um Gottes Wohlgefallen zu erlangen, weil Jesus schon alles getan hat, damit der Vater dich annehmen kann. Gott akzeptiert dich total, weil du in Christus bist. Das ist nicht mehr zu steigern. Und trotzdem mühen sich Gläubige immer noch damit ab, all die richtigen Dinge zu tun, damit Gott sie lieben und akzeptieren kann!

Es mag weitere Gründe dafür geben, warum Christen versuchen, aus eigener Kraft ein christliches Leben zu führen. Aber eins ist sicher – damit ein Mensch dahin kommt, seine Eigenmächtigkeit aufzugeben und darin zu ruhen, dass Jesus genügt, ist immer ein göttliches Eingreifen nötig. Es ist nicht einfach, seine Unabhängigkeit loszulassen, wenn man sich sein ganzes Leben lang genau darauf verlassen hat. Oft führt Gott uns durch einen schmerzhaften Prozess, bis wir bereit sind, auf unser selbstbestimmtes Leben zu verzichten.

Hast du dich bemüht, für Gott zu leben? Vielleicht will Gott dich an den Punkt bringen, wo du bereit bist, auf deine eigenen Möglichkeiten zu verzichten und stattdessen beginnst, in der Tatsache zu ruhen, dass Christus dein Leben ist.

> Gott kann alles tun, was er getan haben will. Er will nicht das, was du *tun* kannst ... Stattdessen möchte er *dich*.

Es tut weh, *dein* Leben niederzulegen, um das Leben Christi zu erleben. Aber erinnere dich an Jesu Worte: »Denn wer sein Leben retten will, der wird es verlieren; wer aber sein Leben verliert um meinetwillen, der wird es finden.« (Mt 16,25)

Jesus macht jedem, der es annehmen will, ein großartiges Angebot. Wenn du ihm dein Leben gibst, gibt er dir dafür seins. Welch ein Tausch! Ist dein Christenleben ein Leben der Ruhe? Fühlt sich das Joch des christlichen Dienstes für dich sanft an? Ist deine Last eine leichte? Das Leben Jesu macht das Christsein zum wahren Vergnügen, nicht zur religiösen Pflicht.[13]

---

[13] Diese Fragen sollen nicht den Eindruck erwecken, als ob es im Leben des Christen keine schmerzlichen Umstände gäbe. Vielmehr will ich deutlich machen, dass fromme Rituale eine ermüdende Pflichtübung sind, während das Leben als Christ ein Segen und keine Last ist, wenn der Geist Christi durch uns wirkt.

Dieser Austausch des Lebens ist eine feste Tatsache. Wie können wir seine Auswirkungen persönlich erfahren? Die Brücke zwischen bloßer *Tatsache* und persönlicher *Erfahrung* ist der Glaube. Durch Glauben wird man Christ, und genauso findet der Gläubige zu einem siegreichen Christenleben: durch Glauben. Jesus Christus *ist* dein Leben. Um das persönlich zu erleben, müssen wir uns diese Wahrheiten des ausgetauschten Lebens aneignen. Bei mir geschah das, als ich das Gebet am Anfang dieses Kapitels betete. Es geht jedoch nicht darum, die richtigen Worte zu sprechen, sondern um die bewusste Entscheidung, unser Ich zu verleugnen (anstatt es ein weiteres Mal hinzugeben) und die Wahrheit anzunehmen, dass Christus unser Leben ist.

Als ich begann, Christus als mein Leben zu *erfahren*, fühlte ich mich, als wäre ich gerade erst Christ geworden. Ich hatte immer geglaubt, beim Christsein ginge es darum, bestimmte Dinge zu tun und andere zu lassen. Doch jetzt ging es darum zu lernen, die Freiheit der Gnade zu genießen.

Kapitel 6

Frei vom Gesetz

Vor einiger Zeit bat mich meine Frau, sie ins *High Museum of Art* in Atlanta zu begleiten. Da ich etwas »kulturelle Bereicherung« durchaus gebrauchen konnte, stimmte ich, wenn auch zögernd, zu. Nachdem wir stundenlang verständnislos einäugige Porträts und verbogenen Stahl angestarrt hatten, gelangten wir in eine Abteilung voller Antiquitäten. Auf Podesten waren dort schöne alte Möbelstücke ausgestellt. Wir näherten uns dem ersten und ich sah ein Schild mit der Aufschrift: »Podeste bitte nicht betreten.« Ich stieg darauf und dachte: »Es wird mich schon aushalten!« Doch augenblicklich wurde mir bewusst, was ich da tat, und ich trat wieder hinunter. Das Verbot hatte in mir sofort den Reflex ausgelöst, es zu übertreten! Ohne das Schild wäre ich nie auf die Idee gekommen.

Viele Christen konzentrieren sich auf das Gesetz Gottes. Ihre Vorstellung eines siegreichen Christenlebens besteht darin, Falsches zu lassen und das Richtige zu tun. Eifrig forschen sie in Gottes Wort und prägen sich ein, womit sie aufhören und womit anfangen sollten. Christsein ist für sie nur eine Frage der Regeln. Sie wollen genau gesagt bekommen, wo sie stehen dürfen und wo nicht, um in Gottes Augen immer noch okay zu sein. Sie glauben, wenn sie nur das Richtige *tun*, würden sie geistlich wachsen und ein siegreiches Leben führen können.

Doch jeder Versuch, durch die Einhaltung von Regeln im Glauben zu wachsen oder siegreich zu leben, ist nichts anderes als *Gesetzlichkeit*. Gesetzlichkeit ist ein System von Bemühungen, um durch das, was man tut, Gottes Annahme oder Segen zu erlangen. Menschen, die so leben, nennt man *gesetzlich*. Kann jemand, der nicht errettet ist, gesetzlich sein? Natürlich. Ist es einem Christen möglich, gesetzlich zu sein? Ja! Meinst du, dass es Gott in deinem Leben als Christ hauptsächlich darum geht, wie du dich aufführst? Wenn ja, dann bist du ein ehrenwertes Mitglied im Club der Gesetzlichen. Gott geht es nicht um Regeln, sondern um die Beziehung zu dir. Wenn du wirklich begriffen hast, in was für einer Beziehung du zu Gott stehst, dann ordnet sich die Sache mit den Regeln von ganz allein. Doch wenn du dich auf die Regeln konzentrierst, ist der geistliche Misserfolg garantiert.

Schon lange kämpften Don und Debby damit, dass sie nicht konsequent als Christen lebten. An einem Sonntagmorgen wollten sie mit mir reden: »Wir haben eine wichtige Entscheidung getroffen. Wir denken, ein großer Teil unserer Probleme kommt daher, dass wir uns in der Gemeinde nicht genug engagieren. Deshalb haben wir uns gegenseitig verpflichtet, ein Jahr lang jeden Sonntag in den Gottesdienst zu gehen, ohne Ausnahme. Das ist der einzige Weg, um unser Leben wieder auf die Reihe zu bekommen. Im nächsten Jahr werden wir keinen einzigen Gottesdienst verpassen.« In mir zog sich alles zusammen, als ich das hörte. Damit ich nicht falsch verstanden werde: Jeder Pastor möchte seine Schäfchen beim Gottesdienst sehen, aber ich wusste, über kurz oder lang würde dieser Schuss nach hinten losgehen. Don und Debby hatten bislang etwa einmal im Monat den Gottesdienst besucht. Nachdem sie beschlossen hatten, nun jeden Sonntag zu kommen, sah man sie drei Wochen hintereinander. Und danach nie wieder. Schließlich schlossen sie sich einer Gemeinde an, die näher an ihrem Wohnort lag. Sie sagten, es wäre einfacher, regelmäßig in den Gottesdienst zu gehen, wenn sie am Sonntagmorgen nicht so früh aus dem Haus mussten. Sie glaubten, wenn sie nur oft genug in die Kirche gingen, würden sie geistlicher. Sicher ist es gut, wenn ein Christ den Gottesdienst besucht, aber diese beiden hatten für sich daraus ein Gesetz gemacht: »Wir *müssen* jeden Sonntag zum Gottesdienst gehen.« Dann tat dieses Gesetz, was das Gesetz immer tut: Es reizte zur Rebellion.

In 1. Korinther 15,56 steht, *die Kraft der Sünde aber ist das Gesetz.* Das Beachten von Regeln führt nie zum Gehorsam, sondern reizt den Menschen zum Ungehorsam. Paulus machte das ganz deutlich.

Denn als wir im Fleisch waren, da wirkten in unseren Gliedern die Leidenschaften der Sünden, die durch das Gesetz sind, um dem Tod Frucht zu bringen. Jetzt aber sind wir vom Gesetz frei geworden, da wir dem gestorben sind, worin wir festgehalten wurden, so dass wir im neuen Wesen des Geistes dienen und nicht im alten Wesen des Buchstabens. (Röm 7,5-6)

Ein Grund für die Inkonsequenz vieler Christen ist, dass sie nicht wirklich verstehen, dass sie dem Gesetz gegenüber tot sind. Das

Gesetz sagt: »Du musst, du solltest.« Die Gnade dagegen lässt uns sagen: »Das will ich!« Sowohl die Bibel als auch die Erfahrungen vieler Christen belegen, dass der Versuch, nach einem Regelwerk zu leben, niemals ein Leben im Sieg bewirkt. Viele Jahre lang glaubte ich, um ein »guter Christ« zu sein, müsse man zum Beispiel zum Gottesdienst gehen, die Bibel lesen, beten, anderen Menschen von seinem Glauben erzählen und so weiter. Dies alles gehört zweifellos zum Leben eines Menschen, in dem Christus wohnt. Aber es sollte die Folge seiner engen Beziehung zu Jesus sein und nicht ein *Mittel*, um diese Beziehung herzustellen. Hätten Don und Debby den Gottesdienst besuchen *wollen*, dann hätte nichts sie hindern können. Doch als sie für sich daraus ein Gesetz machten, war das der schnellste Weg, sie aus der Gemeinde hinauszukatapultieren.

Eine disziplinierte Haltung in diesen Fragen brachte mir jedenfalls keine Freude im Glaubensleben. Egal, wie viel ich tat, nie hatte ich das Gefühl, es sei genug. Immer wieder gab es Phasen, in denen ich frühmorgens aufstand, um die Bibel zu lesen und lange zu beten. Alles, was atmete, bekam mein Zeugnis zu hören. Ich lernte ganze Abschnitte aus der Bibel auswendig und tat alles, wovon ich glaubte, dass ein Christ es tun sollte, um Gott zu gefallen, aber es war nie genug. Ich konnte keine Freude in Jesus erleben, weil ich immer nur das sah, was ich nicht geschafft hatte. Egal, wie weit ich in meinem Glaubensleben kam, immer sah ich vor mir am Horizont eine Reihe weiterer Verbotsschilder. Selten konnte ich mich an der Landschaft freuen, die ich gerade durchwanderte.

Erst als ich begriffen hatte, dass Christus mein Leben *ist*, erlebte ich beständige *wahre* Freude an all den Dingen, die ich für geistliche Tugenden gehalten hatte. So hatte ich schon als Kind jeden Tag in der Bibel gelesen. Ja, in der Sonntagsschule erhielten wir einmal sogar einen Zettel, auf dem wir ankreuzen konnten, ob wir in der vergangenen Woche auch jeden Tag in der Bibel gelesen hatten oder nicht. Nach und nach verinnerlichte ich, dass ein Christ jeden Tag seine Bibel lesen *muss*. Ich kam überhaupt nicht auf die Idee, die Bibel lesen zu *wollen*. Ich wusste einfach, ich *sollte*. So wurde für mich das tägliche Bibellesen zum Gesetz. Es war etwas, was ich tun musste, weil Gott das von einem guten Christen erwartet. Und ich weiß noch, wie ich als Kind vor dem Einschlafen die Bibel aufschlug und einen Vers las, nur damit ich am Sonntag das Kästchen ankreuzen konnte. Jahre später las ich die Bibel immer noch so, doch jetzt hakte ich in meinem Kopf ab, dass ich getan hatte, was Gott erwartet. Vielleicht hatte ich nicht den *Wunsch*, die Bibel zu lesen, aber es war meine *Pflicht*. Ich hatte Schwierigkeiten, treu meine »Stille Zeit« zu machen. Das selbst auferlegte Gesetz, das mir sagte, ich müsse es tun, weckte den Wunsch, es gerade *nicht* zu machen, genau wie es Paulus in Römer 7,5 schreibt! Doch wenn ich nicht in der Bibel las, hatte ich ein schlechtes Gewissen, weil ich nicht getan hatte, was ich hätte tun »sollen«. Das Gesetz machte mich also zuerst unwillig zum Bibellesen und wenn ich dann nicht in der Bibel las, verurteilte es mich!

Es mag seltsam klingen, aber als ich begriff, dass ich nicht in der Bibel lesen *musste*, machte mir das Bibellesen auf einmal Freude! Von wie viel Gesetz ist der Christ befreit? Vom ganzen Gesetz! Gibt es ein Gesetz, das vorschreibt, dass wir jeden Tag eine bestimmte Zeit in der Bibel lesen sollen? Nein! Warum lesen wir sie dann überhaupt? Weil wir den *Wunsch* haben, durch sein Wort mit Gott Gemeinschaft zu haben. Wenn die Gnade uns dazu bewegt, uns mit der Bibel zu befassen, wächst unser Hunger danach; das Gesetz dagegen macht das Bibelstudium zur lästigen Pflichtübung. Als gesetzlicher Mensch war ich *gebunden* und entschlossen, die Bibel zu lesen, weil ich es tun sollte. Jetzt bin ich *frei*, sie zu lesen, weil ich genau das will! Ich hatte keine Freiheit, die Bibel zu lesen, bis ich entdeckte, dass ich die Freiheit hatte, sie nicht zu lesen.

Gesetzlichkeit ohne Leben

Wenn du jetzt den Eindruck hast, ich würde den Stellenwert der Bibel im Leben des Christen herabsetzen, hast du mich nicht richtig verstanden. Ich weiß, dass die Bibel betont, wie wichtig es ist, täglich Gottes Wort in uns aufzunehmen. Wenn aber jemand nur in der Bibel liest, um darin gelesen zu haben, dann sieht er nicht das größere Bild. Wir sollten die Bibel lesen, weil wir Christus besser kennenlernen und ihm näher kommen wollen, nicht um eine fromme Pflicht zu erfüllen.

Kaum jemand im Neuen Testament befasste sich mehr mit dem Bibelstudium wie die Pharisäer. Sie konnten ganze Passagen auswendig zitieren. Sie kannten den Inhalt ihrer Bibel, weil sie täglich darüber brüteten. Aber Jesus hatte etwas zu sagen zu ihrer Art des Bibelstudiums: »Ihr erforscht die Schriften, weil ihr meint, in ihnen das ewige Leben zu haben; und sie sind es, die von mir Zeugnis geben. Und doch wollt ihr nicht zu mir kommen, *um das Leben zu empfangen« (Joh 39-40)*.

Jesus wies die Pharisäer darauf hin, dass ihr Zugang zur Bibel rein theoretisch war. Sie *kannten* ihre Bibel, aber in ihrer leeren religiösen Routine war kein Leben.

Ihr Zugang zur Bibel unterschied sich in nichts von der Haltung, die manche Christen heute zu ihren christlichen Aktivitäten an den Tag legen. Es gibt Leute, die besuchen den Gottesdienst, predigen, leiten einen Bibelkreis, singen, beten, geben den Zehnten und tun ein Dutzend anderer Dinge, von denen sie glauben, Gott erwarte sie von ihnen, *ohne dass ein Funken geistlichen Lebens darin wäre.* Das mag ein Dienst für die Gemeinde sein, aber kann man das wirklich *christlichen* Dienst nennen? Was unterscheidet christlichen Dienst von leerer religiöser Aktivität? *Leben!* In den Gemeinden unserer Tage herrscht viel Aktivität ohne echtes Leben darin. Viele Christen mühen sich ab, in der Gemeinde etwas für Gott zu tun, aber sie haben daran keine wirkliche Freude. Sie achten darauf, alles Richtige zu *tun*, aber verpassen dabei das Leben Christi, weil ihre Motivation gesetzlich ist.

> Was unterscheidet christlichen Dienst von leerer religiöser Aktivität?

Wenn jemand seinen Lebensstil um eine lange Liste von Dingen herumbaut, die er vermeintlich tun sollte, wird er sich schließlich geistlich, seelisch und sogar körperlich erschöpft fühlen. Und doch machen viele in dieser frommen Tretmühle weiter, weil sie glauben, Gott erwarte das so. Sie wissen, dass ihre Gemeinde es erwartet. So »dienen« sie weiterhin, auch wenn sie sich dabei elend und leer fühlen. Sie verhalten sich wie Zwangsarbeiter. Sie sind dazu verurteilt, das zu tun, was sie meinen tun zu sollen, und nennen das fälschlicherweise »Christsein«.

Wenn wir unsere Aufmerksamkeit darauf richten, was wir tun *sollten*, dann fällt es uns schwer, gehorsam zu sein. Wir fühlen uns dazu verurteilt, bestimmte Dinge zu tun. Wenn wir aber Tag für Tag erleben, dass Christus unser *Leben* ist, werden uns alle Aspekte des Christseins, die zuvor nur Gesetze waren, zu einer natürlichen Wesensäußerung, ja zum Resultat des überfließenden Lebens Christi in uns. Wir sind nicht mehr an das Gesetz gebunden. Wir sind dem Gesetz gestorben, als unsere alte Natur mit Christus getötet wurde. Jetzt sind wir nur noch an eine Person gebunden – den Herrn Jesus Christus. Paulus erklärt unsere Freiheit vom Gesetz so:

> *Oder wisst ihr nicht, Brüder – denn ich rede ja mit Gesetzeskundigen –, dass das Gesetz [nur] so lange über den Menschen herrscht, wie er lebt? Denn die verheiratete Frau ist durchs Gesetz an ihren Mann gebunden, solange er lebt; wenn aber der Mann stirbt, so ist sie von dem Gesetz des Mannes befreit. So wird sie nun bei Lebzeiten des Mannes eine Ehebrecherin genannt, wenn sie einem anderen Mann zu eigen wird; stirbt aber der Mann, so ist sie vom Gesetz frei, so dass sie keine Ehebrecherin ist, wenn sie einem anderen Mann zu eigen wird. Also seid auch ihr, meine Brüder, dem Gesetz getötet worden durch den Leib des Christus, damit ihr einem anderen zu eigen seid, nämlich dem, der aus den Toten auferweckt worden ist, damit wir Gott Frucht bringen. (Röm 7,1-4)*

Der Christ ist dem Gesetz gegenüber tot! Unser altes Ich war dem Gesetz unterworfen, aber wir haben bereits in Kapitel 4 entdeckt, dass unser alter Mensch – die Person, die wir waren – tot ist! Das Leben, das wir jetzt haben, ist das Leben Christi. Wir leben jetzt nach einem neuen Gesetz, das *das Gesetz des Geistes des Lebens in Christus Jesus* genannt wird.

Leben unter dem neuen Gesetz

Wer sich auf die Einhaltung von Regeln konzentriert, dem ist beständige Frustration sicher. Der Zweck des Gesetzes ist zu zeigen, dass eine gute Beziehung zu Gott nicht das Ergebnis unserer Anpassung an äußerliche Regeln ist. Jetzt leben wir nach diesem neuen Gesetz, das nicht auf äußerlichen Anforderungen beruht, sondern vielmehr auf unserem inneren Wunsch. Wenn wir verstehen, dass Christus unser Leben ist, motivieren uns seine Wünsche in uns. Wir *wollen* das tun, was Gott verherrlicht. Das Gesetz des Geistes des Lebens in Christus motiviert und befähigt uns zu einem gottgefälligen Lebensstil. Wir konzentrieren uns nicht mehr auf Regeln, sondern auf unsere Beziehung zu ihm. »Denn das Gesetz des Geistes des Lebens in Christus Jesus hat mich frei gemacht von dem Gesetz der Sünde und des Todes« (Röm 8,2).

Gesetzlichkeit aktiviert »das Gesetz der Sünde und des Todes«, denn das Gesetz weckt in uns den Wunsch zu sündigen (Röm 7,5), und Sünde führt zum Tode (Röm 6,23). Deshalb kann jemand, der das Leben als Christ gesetzlich angeht, *nie* darin den Sieg finden, dass er sich bemüht, das Gesetz zu halten. Die Wahrscheinlichkeit der Niederlage wächst im direkten Verhältnis zu unserer Anstrengung, durch das Einhalten von Regeln ein christliches Leben zu führen. Das Gesetz kann uns sagen, was wir zu tun haben, aber es kann uns nicht befähigen, seine Anforderungen zu erfüllen. Das einzige, was das Gesetz uns geben kann, sind Schuldgefühle wegen unseres Versagens. 2. Korinther 3,7 nennt das Gesetz »den Dienst des Todes« und Vers 9 den »Dienst der Verdammnis«. Wir sind einem System von Regeln gestorben und in eine übernatürliche Beziehung der Gnade hineingeboren! Watchman Nee erklärt es so:

Gnade bedeutet, dass Gott etwas für mich tut. Gesetz bedeutet, dass ich etwas für Gott tue. Gott erlegt mir gewisse heilige und gerechte Forderungen auf: das ist das Gesetz.

Wenn nun das Gesetz bedeutet, dass Gott zu seiner Erfüllung etwas von mir verlangt, dann bedeutet die Befreiung vom Gesetz, dass er fortan nichts mehr von mir verlangt, sondern selbst alles erfüllt. Das Gesetz beinhaltet, dass Gott an mich Forderungen stellt; die Befreiung vom Gesetz bedeutet, dass ich nichts mehr erfüllen muss und dass er in Gnade selbst alles erfüllt. **Ich brauche nichts für Gott zu tun!** *Das ist Befreiung vom Gesetz.*[14]

Diese Wahrheit ist ein harter Schlag für die Sichtweise eines gesetzlichen Menschen. Viele Jahre meines Christseins verbrachte ich in dem Bemühen, etwas für Gott zu tun. Welche Erleichterung war es für mich zu entdecken, dass Gott sich nicht dafür interessiert, was wir für ihn tun können. Gott kann alles tun, was er getan haben möchte. Er will nicht das, was wir tun können. Er möchte nur *uns!* Wenn wir es Christus erlauben, sein Leben durch uns zum Ausdruck zu bringen, dann ist unser Dienst ein Ausdruck übernatürlichen Lebens und nicht eine fromme Routine, die uns frustriert und unbefriedigt zurücklässt.

Beim Christsein geht es nicht um das *Tun*, sondern um das *Sein*. Das Leben des Christen ist das Leben Christi. Im Zentrum steht eine Person, nicht unsere frommen Leistungen. Wenn wir das Gesetz des Geistes des Lebens in Christus Jesus erleben, ist unser frommes Tun Ausdruck seines Lebens, das aus uns fließt, nicht das Ergebnis unserer eigenen Anstrengung. *Die Neue Genfer Übersetzung* formuliert es so:

Lasst mich nur das eine wissen: Habt ihr den Geist Gottes bekommen, weil ihr die Vorschriften des Gesetzes befolgt

---

14 Watchman Nee, *Das normale Christenleben*, 137.

habt, oder habt ihr ihn bekommen, weil ihr die Botschaft, die euch verkündet wurde, im Glauben angenommen habt? In der Kraft des Heiligen Geistes habt ihr begonnen, und jetzt wollt ihr aus eigener Kraft das Ziel erreichen? Seid ihr wirklich so unverständig? (Gal 3,2-3)

Gute Frage! Das Einzige, das wir taten, um ein Leben als Christ zu beginnen, war, unser Vertrauen auf Christus zu setzen. Verlangt Gott jetzt, wo wir Christen sind, etwas anderes? Kann es denn sein, dass die Einhaltung bestimmter Regeln für unsere Erlösung zwar nicht nötig war, aber jetzt, *nachdem* wir errettet sind, für Gott auf einmal sehr wichtig wird? Natürlich nicht! Aber warum glauben dann so viele Christen, sie müssten sich immer wieder neu dazu verpflichten, Gottes Gebote zu befolgen? Weil Satan weiß, er hat mit den Christen leichtes Spiel, wenn es ihm gelingt, ihnen vorzumachen, das Befolgen des Gesetzes sei der Weg zum Sieg.

Es ist *für dich* unmöglich, das Gesetz zu erfüllen. Wenn du wirklich ein gottgefälliges Lebens führen willst, muss Jesus Christus der Mittelpunkt deines Lebens sein. Nicht die Gemeinde, nicht fromme Aktivitäten, nicht ein moralisch einwandfreies Leben oder das Befolgen der Gebote. Nur er! Der Einzige, der ein christliches Leben leben kann, ist Christus. Du kannst dich immer wieder Gott hingeben, aber unter dem Strich versucht dann immer noch dein *Ich*, für Gott zu leben. Eigenes Mühen ist das Wesen aller Gesetzlichkeit. Es ist sinnlos, Gott um seine Hilfe zu bitten, damit du für ihn leben kannst. Das ist vielleicht *dein* Ziel, aber nicht *seines*. Er will sein Leben durch dich leben.

Durch das Kreuz hat Gott uns von unseren alten natürlichen Möglichkeiten abgeschnitten, damit wir das Leben eines Anderen leben. Selbstverständlich hatte der Mensch, aus Gottes Sicht gesehen, von dem Moment an, in dem er von oben geboren wurde, göttliches Leben in sich. Aber so, wie Gott uns offenbart hat, dass nur das Blut Versöhnung und Vergebung bewirken oder dass wir mit Christus in seinem Tod vereint sein müssen, um frei zu werden, so muss uns offenbart werden, dass wir von der alten Quelle des natürlichen Lebens abgeschnitten sind. Jetzt sollen wir durch die Lebenskräfte eines Anderen leben und wirken.[15]

Vielleicht kommt es dir seltsam vor, dass du nicht in erster Linie darauf achten solltest, dem Gesetz Gottes zu gehorchen. Wenn du aber Tag für Tag zulässt, dass Christus sich als dein Leben erweist, dann *wird* dein Lebensstil Gott wohlgefällig sein. Jesus hat das Gesetz nicht gebrochen, als er vor zweitausend Jahren auf der Erde lebte. Er hat das Gesetz erfüllt, und das wird er auch heute wieder tun, wenn du ihm erlaubst, sein Leben durch dich zu leben.

War dein bisheriges Christsein vom Versuch geprägt, Gott zu gehorchen? Wie ist es dir gelungen? Gut? (Wenn du jetzt ja sagst, dann sieh dir besser noch einmal an, welchen Maßstab Gott an seine Gerechtigkeit anlegt.) Wenn du dich auf das Gesetz als Weg zum Sieg konzentriert hast, dann hast du in deinem Leben als Christ sicher schon viele Enttäuschungen erlebt. Und genau das soll das Gesetz auch bewirken! Vielleicht fragst du dich, ob *überhaupt* jemand es wirklich schafft, so zu leben. Nun ja, einen gibt es. Und er wird es tun, wenn du endlich deine eigenen Anstrengungen aufgibst und es ihn durch dich tun lässt.

---

15 DeVern F. Fromke, *The Ultimate Intention*, 83-84.

Aber denke jetzt bitte nicht, du könntest dich nun völlig kampflos und passiv von Sieg zu Sieg treiben lassen. Als Gott mir zeigte, was es mit dem ausgetauschten Leben auf sich hat, da ging es mir wie dem jungen Christ, der sich gar nicht vorstellen kann, je wieder in Versuchung zu kommen und zu sündigen. Ich erlebte eine Zeit lang einen solchen emotionalen Höhenflug, dass mir die alten Denkmuster unendlich fern und weit weg zu sein schienen. Aber es dauerte nicht lange, bis mir klar wurde: Mein alter Mensch war zwar tot, aber das Fleisch war immer noch sehr lebendig! Es war Zeit, aus dem Obergemach herauszutreten und herauszufinden, wie Gott mit jenen alten Verhaltensmustern des Fleisches umgeht, die sich im Laufe des Lebens entwickelt hatten.

Kapitel 7
Sieg ist ein Geschenk

Ich probierte alles nur Erdenkliche, um im Sieg leben zu können, aber es war alles umsonst. Ich wusste nicht, dass ich den Sieg nur durch mein *Sterben*, nicht durch mein Tun erlangen konnte. Wie alle Christen hatte ich den aufrichtigen Wunsch, zu Gottes Ehre zu leben. Dieser Wunsch ist fester Bestandteil der neuen Natur jedes Gläubigen. Im Kern unseres Wesens sehnt sich unser Geist danach, die Gerechtigkeit Christi zum Ausdruck zu bringen. Ein Christ, dessen Lebensstil dem heiligen Wesen Christi widerspricht, wird sich nicht wohlfühlen. Ein Christ, der sündigt, verhält sich unnatürlich. Unser menschlicher Geist ist der Kern unseres Seins, und auf der Ebene des Geistes wurde der Gläubige gerecht gemacht. Wenn nun ein Christ sündigt, handelt er gegen seine eigene Natur. Und wenn sich jemand widernatürlich verhält, fühlt er sich dabei immer äußerst unwohl. Die Sünde mag ihm kurzfristig ein oberflächliches Vergnügen gewähren, aber unter der Oberfläche wird ein Christ mit einem sündigen Lebensstil unruhig bleiben. Menschen, die nicht die Natur Christi haben, stört es dagegen nicht, wenn sie sündigen. Für sie ist das ganz natürlich.

Bedeutet das, dass sich Christen einer sündlosen Vollkommenheit erfreuen? Natürlich nicht. Unsere alte Natur starb mit Jesus am Kreuz, aber da gibt es noch ein anderes Hindernis für einen siegreichen Lebensstil, das wir kennen sollten. Der alte Mensch ist tot, aber da ist noch das Fleisch, ein Feind, mit dem wir tagtäglich rechnen müssen. In einem früheren Kapitel habe ich *das Fleisch* definiert als die »*Methoden,* mit denen wir unsere eigenen Bedürfnisse *ohne Jesus Christus* zu befriedigen versuchen.« Die Ausdrucksform des Fleisches-Lebens kann ganz offensichtlich böse sein, zum Beispiel wenn jemand Ehebruch begeht, um einen sexuellen oder emotionalen Wunsch zu befriedigen. Das Fleisch kann aber auch ganz ehrbar und anständig auftreten, zum Beispiel in jemandem, der eifrig und beredt Bibelstunden hält und durch diesen seinen Dienst das Gefühl bekommt, wichtig und richtig zu sein. *Der »Weg des Fleisches« ist einfach ein Lebensstil, der sich nicht auf Christus als Quelle des Lebens verlässt.*

Wir alle haben Fleisches-Muster entwickelt. Wir haben spezifische Techniken erlernt, die das Risiko schmerzhafter Lebensumstände minimieren und die Möglichkeiten der Selbsterfüllung maximieren. Solange wir nicht verstanden haben, dass Christus unser Leben ist, ist unser Lebensstil von diesen fleischlichen Verhaltensmustern geprägt. Eine unvermeidliche Folge eines fleischlich orientierten Lebensstils ist die, dass es in unserem Glaubensleben immer auf und ab geht und wir sehr unbeständig sind.

Das Fleisch und der Dienst

Wenn wir nicht richtig verstehen, wie das Fleisch in unserem Leben funktioniert, ist auch unsere Vorstellung von einem »Wandel im Sieg« verdreht. Viele Jahre lang sah ich mein geistliches Leben so, dass ich entweder »Gott nahe« war oder aber »weit weg vom Herrn«. Wenn ich mich als Versager fühlte, schloss ich daraus, ich sei aus der Gemeinschaft mit Gott herausgefallen und müsste wieder zu ihm zurückkehren. Bevor ich begriff, dass Christus mein Leben ist, war ich verdammt zu ständigem Versagen. Wenn ich meinte, »Gott ganz nahe« zu sein, tat ich mit aller Kraft für Gott, was ich nur konnte. Wenn ich das Gefühl hatte, ich wäre »weit weg vom Herrn«, fühlte ich mich miserabel. Die Selbstanklagen nahmen zu, bis ich mich schließlich wieder Gott weihte und eifrig begann, alles Mögliche für ihn zu tun.

Ich war ein manisch-depressiver Christ! Kennst du diese verdrehte Art von Christsein auch? Ich fühlte mich Gott nahe, wenn ich das tat, was er meiner Meinung nach erwartete – und weit weg, wenn ich diese meine Pflichten vernachlässigte. Die Wahrheit jedoch ist: Gott ist uns niemals näher oder ferner als sonst. Wenn Christus immer in uns ist und wir in ihm, wie können wir ihm jemals näher sein? Vielleicht haben wir das *Gefühl*, wir seien weit weg von Gott, aber Jesus Christus ist immer in uns und hat versprochen, uns nie zu verlassen.

Das siegreiche Christenleben ist nichts weniger als das Leben Christi, das durch das Kind Gottes zum Ausdruck kommt. *Jedes* Verhalten dagegen, das nicht davon abhängig ist, dass er durch uns lebt, kommt aus dem Fleisch. Das heißt, es ist sogar möglich, etwas *für* Gott zu tun und die Energie dafür aus dem Fleisch zu beziehen. *Das »ausgetauschte Leben« bedeutet, dass wir von* seinen Möglichkeiten abhängig sind, nicht von unseren eigenen. »Fleischesleben« bedeutet, sich auf das zu verlassen, was ich selbst tun kann. Es kann durchaus sein, dass wir wegen unseres Eifers im Dienst für Gott große Anerkennung bekommen und uns doch noch auf unser Fleisch verlassen. Gott hat keinerlei Wunsch, *uns* dabei zu helfen, ein christliches Leben zu führen oder eine christliche Arbeit zu tun. Das will er selbst tun – durch uns. Major Ian Thomas hat gesagt:

Nichts bietet einen so kläglichen und bemitleidenswerten Anblick wie der Versuch des Fleisches, heilig zu sein. Das Fleisch hat einen verkehrten Hang zur Gerechtigkeit. Die Gerechtigkeit, die es erreichen wird, ist immer Selbstgerechtigkeit. Selbstgerechtigkeit ist immer selbstbewusste Gerechtigkeit, und selbstbewusste Gerechtigkeit ist immer voller Eigenlob. Sie erzeugt den Angeber, der immer auffallen, immer anerkannt, befragt, mit Beifall bedacht werden muss. Andererseits, wenn das Fleisch auf dem Wege zur Selbstgerechtigkeit versagt, wird es anstatt mit Eigenlob mit Selbstmitleid erfüllt sein. Das bringt den nach innen gerichteten Menschen hervor, den ewig Hilfesuchenden, der jeden um Rat fragt, aber sich nie helfen lässt, den ›Seelsorgefall‹.[16]

Der Versuch, etwas *für* Gott zu tun, ist typisch Fleisch! Dabei kann es uns vollkommen ernst damit sein – aber wir gehen vollkommen in die Irre. Weil das fromme Fleisch in der Regel viel Applaus von anderen Christen erntet, ist es schwer zu erkennen. Der fromme Dienst kann bewirken, dass wir mit uns selbst zufrieden sind. Er kann uns aber auch geistlich und seelisch auslau-

---

16 Major Ian Thomas, *Christus in Euch – Dynamik des Lebens*, 64.

gen. In beiden Fällen versucht Gott vielleicht gerade damit, uns die Augen für unser Problem zu öffnen. Viele Christen sind heute erschöpft, weil sie das Leben des Christen vor allem als Dienst *für Gott* verstehen. Aber das ist es nicht. Das Christenleben ist in erster Linie ein Leben der engen Vertrautheit *mit* Gott.

*Aus echtem Dank dafür, dass Christus für dich gestorben ist, mag in dir das aufrichtige Verlangen entstanden sein, Gott zu dienen. Aus Pflichtbewusstsein kannst du dich als Christ veranlasst sehen, dich einem bestimmten Verhaltens-Muster anzupassen, das man dir als christliche Lebensnorm aufgebürdet hat. Vielleicht bist du tief bewegt von der Not deiner Mitmenschen, und aus einem heiligen Eifer heraus beschließt du in deinem Herzen, dich für Gott einzusetzen. Wenn sich deine Erfahrung nur darauf beschränkt, dass dir deine Sünden vergeben wurden, weil du Jesus als deinen Erlöser, der für dich gestorben ist, angenommen hast, und du **seit** deiner Bekehrung nur über Kraftquellen verfügst, die du auch schon **vor** deiner Bekehrung hattest, dann wird dir nichts anderes übrig bleiben, als das »Fleisch« zu »christianisieren«. Du wirst dich dann bemühen, es so anzuleiten, dass es in seinem **Verhalten** der Gottähnlichkeit entspricht.*

Das ist völlig unmöglich. Das Wesen des »Fleisches« ändert sich nie, wie sehr du dich auch bemühst, es anzupassen. Es ist und bleibt durch und durch verdorben. Auch dann noch, wenn es eine Bibel unter dem Arm trägt, einen Scheck für die Mission ausstellt oder aber einen frommen Gesichtsausdruck annimmt.[17]

Jeder Christ, bei dem der Dienst im Mittelpunkt steht, ist zu einem Leben der Frustration verdammt. Ich spreche aus eigener Erfahrung. Es war eine schmerzhafte Erkenntnis, als Gott mir zeigte, dass ich meinen Dienst mehr liebte als den, der mich zum Dienst berufen hatte. Wessen Leben sich nur um seinen Dienst dreht, der wird früher oder später ausbrennen. Wie wunderbar ist es dann, wenn der Tag kommt, an dem er erkennt, dass menschliche Kräfte und Anstrengungen tatsächlich zum Burn-out führen *können*, das Leben Christi aber nie ausbrennen wird! Dienst für Christus, der nicht aus dem überfließenden Leben Christi in uns kommt, ist nichts als Fleisch. Das Fleisch kann Gott nicht verherrlichen, ganz gleich, wie sehr es sich auch engagieren mag.

Das Fleisch und die Sünden

Ein Christ, der nach dem Fleisch lebt, wird oft erleben, wie er das eine Mal geistlich unter Hochspannung steht, dann aber sein Akku wieder leer ist. Ein solcher Mensch hält ständig Ausschau nach irgendetwas, das seinen »geistlichen Akku« wieder auflädt. Ich habe Bücher gelesen und Konferenzen und Seminare besucht, ich war bei Erweckungs-Gottesdiensten, hörte Kassetten und machte hundert andere Sachen, um meinen »Akku« für Jesus wieder aufzuladen. Das Entmutigende dabei war, die Batterie war immer viel schneller leer, als ich sie nachladen konnte. Hast du das auch schon erlebt? Je schwächer mein »geistlicher Akku«

---

17 Major Ian Thomas, *Man braucht Gott um Mensch zu sein*, 146-147.

war, desto anfälliger war ich für sündhafte fleischliche Verhaltensmuster. Wenn ich sündigte, bekam ich früher oder später Schuldgefühle. Dann bat ich den Herrn, mir zu helfen, für ihn zu leben, und beschloss, alles zu tun, um in Zukunft immer rechtzeitig nachzuladen.

Nur bringt es dem Christen noch keinen Sieg über die Sünde, wenn er immer gut aufgeladen ist für Jesus. Christus selbst *ist* unsere Macht über die Sünde. Wenn wir ihm erlauben, sein Leben durch uns zum Ausdruck zu bringen, werden wir ständig über die Versuchung siegen. Das ist ein wichtiger Unterschied: Christus *gibt* uns nicht den Sieg, er *ist* unser Sieg! Betrachten wir einmal die folgenden Verheißungen Gottes über die *Quelle* eines siegreichen Christenlebens:

- *»Gott aber sei Dank, der uns den Sieg gibt durch unseren Herrn Jesus Christus!«* (1 Kor 15,57). Die Bibel sagt hier ganz klar, der Sieg ist ein *Geschenk*, das durch Jesus Christus zu uns kommt. Wenn wir also den Herrn Jesus Christus haben, ist der Sieg unser.

- *»Gott aber sei Dank, der uns allezeit in Christus triumphieren lässt und den Geruch seiner Erkenntnis durch uns an jedem Ort offenbar macht!«* (2 Kor 2,14). Wie oft führt Gott uns im Triumphzug einher? Immer! Was bzw. wer ist die Quelle dieses Triumphs, den wir täglich erfahren können? Christus!

- *»Aber in dem allem überwinden wir weit durch den, der uns geliebt hat«* (Röm 8,37). Das Leben kann zeitweise hart sein (Verse 35-36), aber wir sind nicht nur einfach Überwinder – wir sind mehr als Überwinder *durch ihn!*

Siehst du, was ich meine? Wir erringen den Sieg nicht, indem wir kämpfen. Vielmehr erleben wir ihn durch den Glauben! Wenn wir in Christus bleiben und ihm erlauben, sein Leben durch uns zu leben, dann leben wir im Sieg. »Und unser Glaube ist der Sieg, der die Welt überwunden hat« (1 Joh 5,4). Warum sollten Christen ihre geistlichen Akkus wieder aufladen wollen, wenn wir doch in uns ein unendlich leistungsfähiges »Kraftwerk« haben, das wir durch den Glauben an Jesus ständig anzapfen können?

Sieh auf Jesus, nicht auf die Sünde!

Der sicherste Weg, vom Fleisch besiegt zu werden, ist der, auf die Sünden zu starren, die wir nicht tun wollen. Das ist, wie wenn wir auf Diät sind und jeden Tag beim Italiener die Speisekarte studieren, um genau zu wissen, was wir nicht essen wollen! Wir erringen keinen Sieg über das Fleisch, wenn wir uns von ihm in Beschlag nehmen lassen. Wir sollen begierig sein auf Jesus, nicht auf die Sünde. »Denn die da fleischlich sind, die sind fleischlich gesinnt; die aber geistlich sind, die sind geistlich gesinnt. Aber fleischlich gesinnt sein ist der Tod, und geistlich gesinnt sein ist Leben und Friede« (Röm 8,5-6 Lut).

Im Laufe der letzten Jahre hatte Philipp mehrmals Ehebruch begangen. Seine eigenen Eltern hatten eine sogenannte »offene Ehe« geführt und häufig andere Partner nach Hause gebracht. Und es war kein Geheimnis, was dann geschah. Weder Vater noch Mutter hatten ihm Liebe erwiesen. Zuneigung schenkten sie nur dem jeweils aktuellen Liebespartner. Philipps eigenes niedriges Selbstwertgefühl verbunden mit dem fehlenden Vorbild unterstützten seinen freizügigen Lebensstil. Philipp hatte Christus angenommen und wollte seiner Frau eigentlich treu sein, aber er hatte Angst. Viele Jahre lang war er auf erotisches Verhalten programmiert worden. »Ich habe Panik bei dem Gedanken, wieder in dieses Leben zurückzufallen«, sagte er eines Tages. »Ich will es nicht, aber egal was ich mache, überall sehe ich die Versuchung.« Wegen der vielen sexuellen Reize auf dem Bildschirm hatte er zum Selbstschutz sogar sein Fernsehgerät abgeschafft. Er hütete sich davor, ins Kino zu gehen, aus Furcht, was er dort zu sehen bekäme, könnte ihn aus der Bahn werfen. »Wenn ich morgens zur Arbeit fahre, kann ich nicht einmal die Plakatwände anschauen«, klagte er. Es kam ihm vor, als würde er über ein Minenfeld laufen und unversehens in eine Anfechtung tappen und dann würde ihm sein Christsein um die Ohren fliegen.

Philipps Haltung ist nicht ungewöhnlich, aber er gab dem Feind mehr Ehre, als ihm zusteht. Satan kann nicht *machen*, dass ein Christ sündigt. Aber eine Einstellung wie die von Philipp führt zum Sündigen, wenn sie nicht mit Gottes Wahrheit in Einklang gebracht wird. Die Bibel sagt, Gott sei imstande, »uns vor dem Straucheln zu behüten« (Judas 24). Philipps Problem bestand nicht darin, dass er geistlich schwach war; Gottes Allmacht war in ihm. Sein Problem war, dass er sich auf die Versuchung zur Sünde konzentrierte anstatt auf Christus. Er traute dem Teufel, der ihn zu Fall bringen wollte, mehr zu als dem Heiligen Geist, der ihn vor dem Fallen bewahren wollte.

Gott möchte, dass das Augenmerk unseres ganzen Lebens auf ihm ruht. Unser Denken soll unaufhörlich auf den Geist Christi ausgerichtet sein. Wenn unser Sinn auf Jesus fixiert ist, erfahren wir eine Lebensqualität, die von Gottes Frieden gekennzeichnet ist. Aber wenn wir uns zu sehr mit der Sünde befassen, führt das zu inneren Konflikten, die uns letzten Endes unter genau die Sünden versklaven, die wir vermeiden wollten.

»Ich sage aber: Wandelt im Geist, so werdet ihr die Lust des Fleisches nicht vollbringen« (Gal 5,16). Der Schlüssel zur Überwindung des Fleisches ist der Wandel im Geist. Darüber haben Christen schon viel diskutiert. Im Geist zu wandeln bedeutet im Wesentlichen, dass wir dem Geist Christi erlauben, selbst durch uns zu wandeln. Das ist die Ordnung, die Gott vorgesehen hat. Doch oft stellen wir diese Ordnung auf den Kopf und versuchen die sündigen Wünsche des Fleisches zu überwinden, damit wir im Geist wandeln können. Allerdings können wir unsere Akte nicht selbst bereinigen, um geistlich zu werden. Wir können Gottes Reihenfolge nicht umkehren und hinten anfangen und dann noch Erfolg haben!

Welchen Sinn hätte es, wenn Jesus für unsere Sünde gestorben wäre und uns nicht auch die Möglichkeit schenken würde, über die Sünde zu siegen, nachdem wir gerettet wurden?

Das Leben Christi in uns gibt uns den Sieg. Genauso wie sein Tod und seine Auferstehung uns von der *Strafe* für die Sünde befreit haben, so befreit sein Leben uns von der *Macht* der Sünde, wenn wir treu in ihm bleiben. »Denn wenn wir mit Gott versöhnt worden sind durch den Tod seines Sohnes, als wir noch Feinde waren, wie viel mehr werden wir als Versöhnte gerettet werden *durch sein Leben*!« *(Röm 5,10)*,

Welchen Sinn hätte es, wenn Jesus für unsere Sünde *gestorben* wäre und uns nicht auch die Möglichkeit schenken würde, über die Sünde zu siegen, nachdem wir gerettet wurden? *Durch sein Leben,* wie es durch uns zum Ausdruck kommt, sind wir von der Macht der Sünde erlöst. Ich werde nie wieder überlegen, wie ich meinen geistlichen Akku nachladen kann. Wenn wir in Christus bleiben, ist es, als hätten wir den Schalter auf »Ein« umgelegt und nun kann die volle Kraft Jesu Christi durch uns fließen. Wenn wir beschließen, in seinem Leben zu ruhen, dann haben wir den Sieg. Wenn wir aber nicht in ihm bleiben wollen, stellen wir den Schalter auf »Aus« – und versagen.

Das Leben Christi ist das Allheilmittel gegen jede Versuchung. Es ist die Antwort auf Philipps Anfälligkeit für Ehebruch. Das Leben Christi in ihm wird ihn von seinem ehebrecherischen Lebensstil befreien. Philipp muss sich nur dafür entscheiden, jeden Augenblick in Christus zu bleiben. Solange er das tut, wird Christus mit jeder Versuchung fertig werden, die des Weges kommen mag.

Fleisch bleibt Fleisch

Nachdem Gott mir die Wahrheit des ausgetauschten Lebens offenbart hatte, lebte ich einige Zeit emotional gesehen wie auf einem Berggipfel. Aber dann kam die Zeit, wo mein Fleisch wieder sein Haupt reckte. Es tut mir leid, sagen zu müssen, dass mein Fleisch sich in der Zwischenzeit nicht gebessert hat; es ist noch genauso hässlich wie immer. Aber eigentlich sieht es nur dann hässlich aus, wenn ich es durch die Augen Christi betrachte. Wenn ich nicht in ihm bleibe, wirkt es eher verlockend. Aber seien wir ehrlich: Wenn Versuchungen nicht verlockend wären, warum müsste man so ein Thema daraus machen? Ja, manchmal sehen jene Fleisches-Muster wirklich verlockend aus, und ich gebe dem Fleisch nach. So, jetzt habe ich es gesagt. Aber verurteile mich nicht vorschnell. Dein Fleisch ist um kein Haar besser als das meinige. Das Fleisch wird sich nie bessern, nicht durch christliche Reife, nicht durch geistliche Kampfführung und auch durch nichts anderes. Das einzige Heilmittel gegen das Fleisch ist der Wandel im Geist. Ich habe herausgefunden: Wenn ich darin zur Ruhe komme, dass Jesus genügt, dann kann ich siegreich leben. Wenn nicht, unterliege ich. So einfach ist das. Wenn Christen nicht in Christus bleiben, bestehen sie auf ihrer eigenen Unabhängigkeit. Die Sünde kam in die Welt, als Adam und Eva sich mit ihrem Ungehorsam dafür entschieden, ihre Unabhängigkeit gegenüber Gott zu behaupten. Christen, die nicht in Christus bleiben, leben im Zustand dauernder Sünde, egal was sie tun. Diese *Haltung der Unabhängigkeit* wird mit der Zeit besondere *Sünden* hervorbringen, zu denen es kommt, wenn man nur in sich bleibt. Es sollte uns deshalb nicht überraschen, dass Christen sündigen, wenn sie nicht in Christus bleiben. Was denn sonst?

Wenn ich dir berichte, jemand sei aus dem zehnten Stockwerk gesprungen, würde dir dann einfallen zu fragen:»Und? Ist er hinuntergefallen?« Das wäre lächerlich. Jeder, der von einem Haus springt, fällt. Dafür sorgt das unabänderliche Gesetz der Schwerkraft. Er wird nur dann nicht stürzen, wenn ein höheres Gesetz dazwischen tritt. Wenn er zum Beispiel in einem Gleitschirm hinge, würde er nicht fallen, weil das Gesetz der Aerodynamik in diesem Fall stärker ist als das Gesetz der Schwerkraft. Das Gesetz der Schwerkraft wird nicht aufgehoben, sondern von einem größeren Gesetz überwunden. Das Fleisch wird immer auf das Gesetz der Sünde und des Todes reagieren. Aber wenn wir in Christus bleiben, dann erleben wir das Gesetz des Geistes des Lebens in Christus Jesus und das ermöglicht uns, uns über die Versuchungen des Fleisches zu erheben.

Wenn wir Sieg haben über das Fleisch, können wir uns das nicht selbst zuschreiben, denn der Sieg wurde uns von Gott *geschenkt*. Konnten die Israeliten sich etwas darauf einbilden, als

Gott die Stadtmauer von Jericho zum Einsturz brachte? Ihr einziger Beitrag dazu war, Gott zu glauben, der ihnen gesagt hatte, er würde ihnen den Sieg schenken. Sie marschierten einfach um die Stadtmauer, wie Gott es ihnen geboten hatte, aller menschlichen Logik zum Trotz. Zur vorgeschriebenen Zeit erhoben sie das Siegesgeschrei, die Mauer stürzte ein und Gott gab ihnen die Stadt. Was wäre geschehen, wenn sie ihrem eigenen Schlachtplan gefolgt wären, anstatt dem Herrn zu gehorchen? Sie wären besiegt worden, egal wie genial ihr Plan und wie stark ihr Heer gewesen wäre.

Wir können als Christen siegreich leben, wenn wir Gottes Gabe im Glauben annehmen. Logisch betrachtet kommt Sieg durch Kampf. Doch um geistlichen Sieg *zu kämpfen*, ist der sicherste Weg zur Niederlage. Gott hat beschlossen, ihn denjenigen *zu geben*, die ihn im Glauben an seinen Sohn empfangen. Charles Trumbull sagt dazu:

Es gibt eine großartige Wahrheit, die viele ernsthafte, hingegebene Christen noch nicht erkannt haben: Die Errettung ist ein zweifaches Geschenk, Freiheit von der **Strafe** *für die Sünde und Freiheit von der Macht der Sünde. Jeder Christ hat in Christus als dem Retter seine Befreiung von der Strafe für seine Sünden angenommen, und zwar als totales und unbezahlbares Geschenk Gottes. Aber viele Christen haben noch nicht begriffen, dass sie gleichermaßen und auf dieselbe Weise, nämlich durch den Glauben an denselben Gott und Retter hier und jetzt die Freiheit von der Macht ihrer Sünden empfangen können; auch dies hat ihr Retter am Kreuz und durch seine siegreiche Auferstehung für sie erworben. Obwohl sie unbestreitbar wissen, dass sie mit ihrer eigenen Anstrengung nichts zu ihrer Erlösung von der*

***Strafe für** ihre Sünden beitragen können, lassen sie sich vom Widersacher zu dem irrigen Glauben verführen, dass sie mit ihren eigenen Anstrengungen doch irgendwie einen Beitrag leisten müssten zum jetzigen Sieg über die **Macht** ihrer Sünden.* **Unsere Anstrengungen können nicht nur keinerlei positiven Beitrag leisten zu unserem Sieg über die Macht der Sünde; vielmehr können sie solch einen Sieg wirksam verhindern** ... *Wir sollen unseren Willen einsetzen, um das Geschenk des Siegs anzunehmen; aber wir sollen uns nicht anstrengen, um den Sieg zu erringen.«*[18]

Ab und zu erlebe ich in meinem Inneren einen Kampf gegen das Gesetz der Sünde und des Todes. Durch ein gewisses Verständnis *der Wahrheit* habe ich gelernt, diesen Kampf als Warnsignal zu respektieren. Es ist nicht Gottes Absicht, dass wir den Sieg erkämpfen. Wenn wir in ihm ruhen, erleben wir, wie sein Leben siegt. Allerdings kann man nicht gleichzeitig kämpfen und ruhen!

---

18 Charles G. Trumbull, *Victory in Christ*, 47-49.

Kapitel 8

Vom Unwert der Werte

Ich begann wirklich, mich am Leben zu freuen, als ich meine christlichen Wertvorstellungen aufgab. Viele Jahre lang hatte sich alles um diese Prinzipien gedreht, von denen ich glaubte, sie verkörperten das Wesen des Christseins. Ich hatte gemeint, es sei eine ehrenwerte Sache, diese Werte tapfer zu verteidigen, und darüber geklagt, dass unser Land sein jüdisch-christliches Erbe aufgegeben hat.

Doch dann entdeckte ich den Weg der Gnade, und das veränderte meine Sichtweise von Grund auf. Inzwischen ist mir klar: Kein Wertsystem der Welt, ob christlich oder nicht, kann das Wesen des christlichen Glaubens vermitteln. Ein Leben auf der Grundlage christlicher Werte ist eine Karikatur neutestamentlichen Christentums. Gott will gar nicht, dass wir unser Leben auf ein *System von Werten* aufbauen, sondern vielmehr *auf eine Person,* seinen Sohn. Wertesysteme können unser Verhalten beeinflussen, aber Gott interessiert sich nicht für Systeme. Er interessiert sich für Beziehungen. Eine enge, vertraute Beziehung zu ihm bringt einen Gott wohlgefälligen Lebensstil hervor. Wenn wir uns auf unser Verhalten konzentrieren, bewirkt das weder Vertrautheit mit Gott, noch führt es zu einem Lebensstil der Gott gefällt.

Zwei Bäume im Garten Eden

Die Idee, einen Lebensstil um ein System von Richtig und Falsch herum zu bauen, ist beinahe so alt wie die Menschheit selbst. Gott schuf die Menschen, um sich an ihnen zu erfreuen und um an ihnen und durch sie seine Liebe zum Ausdruck zu bringen. In seiner Liebe setzte er Adam und Eva in den Garten Eden und gab ihnen die Herrschaft über den Garten und alles, was darin war. Ein Aspekt der Freiheit ist die Entscheidungsfreiheit, denn wo man keine Wahl hat, gibt es keine echte Freiheit. Folglich hatte Gott zwei Bäume in den Garten gesetzt, die Adam und Eva zur Entscheidung auffordern sollten. Ihre Wahl sollte nicht nur ihr eigenes Schicksal bestimmen, sondern das Schicksal aller zukünftigen Generationen. »Und Gott der Herr ließ allerlei Bäume aus der Erde hervorsprießen, lieblich anzusehen und gut zur Nahrung, und auch den Baum des Lebens mitten im Garten und den Baum der Erkenntnis des Guten und Bösen« (1 Mo 2,9).

Der Baum des Lebens. Der Baum des Lebens ist ein Bild für den Herrn Jesus. Ein Grundprinzip biblischer Interpretation ist, dass das Alte Testament im Licht der Offenbarung des Neuen Testamentes zu verstehen ist. Das Neue Testament bestätigt wiederholt, dass Jesus das Leben ist. Ein Christ hat deshalb ewiges Leben, weil Christus in ihm lebt. Christus aufnehmen heißt, das

Leben aufnehmen! Jesus sagte, er sei gekommen, damit wir Leben haben (Joh 10,10). Wenn wir in ihm bleiben, fließt sein Leben aus uns heraus wie Ströme lebendigen Wassers. Es ist nicht so, dass wir uns anstrengen müssen, einen Fluss des göttlichen Lebens hervorzubringen. Sein Leben fließt ganz natürlich aus den Christen, die in Christus bleiben.

Gottes Absicht war, dass Adam und Eva alle ihre Tage durch sein Leben leben sollten. Wäre er in dieser Welt ihre einzige Lebensquelle geblieben, hätte sich die Frage nach Richtig und Falsch nie gestellt. Die Probleme der Menschheit begannen erst, als sie von dem zweiten Baum aßen.

Der Baum der Erkenntnis des Guten und Bösen. Gott hatte sehr viele Bäume in den Garten gepflanzt. Es gab nur einen Baum, von dem Adam und Eva nicht essen durften. Das war der Baum der Erkenntnis des Guten und Bösen. Das Verbot war zu ihrem eigenen Wohl. Gott hatte diesen Baum geschaffen, damit sie die Wahl hatten, denn wie schon gesagt gibt es keine wahre Freiheit ohne Wahlfreiheit. Gott wollte, dass die Menschen sich für ihn *entschieden*. Diese Entscheidung würde ihnen ewiges Leben gewähren. Adam und Eva wurde gesagt, an dem Tag, an dem sie vom Baum der Erkenntnis des Guten und Bösen äßen, müssten sie sterben.

Die Alternative war also klar: Leben oder Tod. Sie konnten weiterhin in der totalen Abhängigkeit von Gott leben oder sich dafür entscheiden, unabhängig von ihm zu sein. Satan überzeugte Eva, dass Gott ihnen etwas Gutes vorenthielt, und so aß sie von dem verbotenen Baum. Adam tat dasselbe, und plötzlich wurden ihnen die Augen geöffnet. Zum ersten Mal wurden sie sich des Guten und Bösen bewusst. Von diesem Tag an wurde jede einzelne ihrer Handlungen durch ein Wertsystem von Richtig und Falsch beurteilt. Doch das war nicht Gottes ursprünglicher Plan.

Sein Wunsch war, dass sie ihm einfach erlaubten, Ursprung und Autorität ihres Lebens zu sein.[19]

Zurück in die Gegenwart

Springen wir zurück ins einundzwanzigste Jahrhundert. Infolge der Sünde von Adam und Eva leben ihre Nachkommen heute noch entsprechend der damaligen Entscheidung. Jede Gesellschaft legt anhand ihrer eigenen Werte und Normen fest, was richtig und was falsch ist. Menschen werden danach beurteilt, ob und inwieweit sie sich daran anpassen. Aber Gottes Plan für die Menschheit sieht heute nicht anders aus als damals im Garten Eden. Er möchte immer noch, dass wir die Quelle unseres Lebens in seinem Leben finden und nicht in Gesetzen, die uns vorschreiben, was richtig und falsch ist.

Wenn wir Christ werden, haben wir das göttliche Leben Jesu Christi. Wenn wir in Christus bleiben, fließt sein Leben aus uns heraus und bringt einen gerechten Lebensstil hervor. Bevor ich begriff, dass Christus mein Leben ist, drehte sich bei mir alles um die Frage, was richtig ist und was falsch. Doch wenn man nicht in Christus bleibt, *ist alles falsch*. In ihm bleiben heißt, im Glauben zu wandeln; bleiben wir nicht in Christus, sind wir auf dem Weg des Fleisches. Wann immer wir eigenmächtig handeln, ist das Sünde, ganz gleich wie unser Handeln auch wirken mag. Genau das meinte Paulus, als er sagte: »Alles aber, was nicht aus Glauben geschieht, ist Sünde« (Röm 14,23). Wenn wir nicht in Christus bleiben, ist die Sünde nicht die Wurzel des Problems, sondern nur ein Symptom. Das wahre Problem ist, dass wir aus unseren eigenen Möglichkeiten leben, unabhängig von Christus.

---

19 Auf das Konzept der beiden Bäume bin ich in meinem Buch *Grace Rules* (Eugene, OR: Harvest House, 1998) wesentlich stärker eingegangen.

Die Christen unserer Tage können endlos darüber diskutieren, was richtig und was falsch ist. Ist es für einen Christen falsch, Wein zu trinken? Was ist mit einem Cocktail? Darf man als Christ Musik von GUNS N' ROSES hören? Und was ist mit Country-Music? Darf ein Christ Filme ansehen, die ab 16 freigegeben sind? Oder ab 18? Die Liste könnte endlos fortgesetzt werden. Aber wenn wir begreifen, dass unser Lebensstil das Leben Christi in uns zum Ausdruck bringen soll, erkennen wir, wir haben die falschen Fragen gestellt!

Auch gutes Verhalten, wenn es nicht eine Ausdrucksweise Christi in uns ist, ist Sünde. Wir erinnern uns, es war der Baum des Guten *und* des Bösen. Christen sind schnell dabei zu erklären, die gute Tat eines Menschen, der kein Christ ist, sei vor Gott nichts wert. In Römer 8,8 lesen wir:»Und die im Fleisch sind, können Gott nicht gefallen.« Warum? Weil sie aus ihren eigenen Möglichkeiten heraus leben, nicht durch den Glauben an Christus.»Ohne Glauben ist es unmöglich, ihm zu gefallen« (Hebr 11,6). Gott lässt sich durch Menschenfreundlichkeit nicht beeindrucken, weil sie nichts anderes als Selbstgerechtigkeit ist. Sogar die guten Werke eines Christen, der aus seinen eigenen Möglichkeiten heraus lebt, sind nichts anderes als selbstgerechtes Verhalten. Erkennen wir, wo das Problem liegt? Die Frucht ist *am falschen Baum* gewachsen.

Die richtige Frage stellen

Letztlich geht es für Gläubige nicht um die Frage:»Ist es falsch, wenn ich das tue?«, sondern:»Bleibe ich in diesem Moment in Christus?« Der nicht erlöste Mensch beurteilt sein Verhalten danach, ob etwas richtig oder falsch ist, aber der Lebensstil eines

Christen soll ein Ausfluss des Handelns Christi sein. Wenn der Lebensstil eines Christen um ein Wertsystem herum gebaut ist, unterscheidet er sich kaum von dem eines Ungläubigen. Auch viele Nichtchristen haben den Wunsch, nach den Werten zu leben, die in der Goldenen Regel oder den Zehn Geboten zum Ausdruck kommen.

> Die Antwort für eine zugrunde gehende Gesellschaft sind nicht irgendwelche Werte. Die Antwort ist Christus!

Kürzlich sah ich eine Plakatwand mit den Zehn Geboten. Darunter stand: »Die Zehn Gebote – Gottes Rettung für Amerika!« Das hört sich vielleicht gut an, aber es ist falsch. Die Zehn Gebote skizzieren einen Moralkodex, der das Wesen eines gerechten und heiligen Gottes widerspiegelt. Allerdings haben die Zehn Gebote auch für Amerika nur eines zu bieten: Verdammnis und Tod. Zweck des Gesetzes ist, uns aufzuzeigen, dass uns etwas fehlt. Es kann die geistliche Krankheit diagnostizieren, bietet aber keinerlei Hoffnung auf Heilung. Mit dem Satz: »Jesus Christus – Gottes Rettung für Amerika!« wäre das Plakat goldrichtig gewesen. Der Versuch, ein Volk durch das Eintrichtern von Werten, und wenn sie auf den Zehn Geboten basieren, zur Gerechtigkeit zu bewegen, führt zu nichts. Gibt es ein Volk auf Erden, das ohne Christus die Gebote Gottes halten kann? Aus welcher Kraft heraus könnten sie ohne Christus Gottes Geboten gehorchen? Die Antwort für eine zugrunde gehende Gesellschaft sind nicht irgendwelche Werte. Die Antwort ist Christus! Gilt das nur für Menschen, die nicht errettet sind? Kann es sein, dass Ungläubige nicht durch Werte errettet werden, für den Christen die Werte aber plötzlich von großer Bedeutung werden?

Warum du deine Werte aufgeben solltest

Ich empfehle dir aufs Wärmste: Gib deine christlichen Werte auf. Vielleicht bist du jetzt schockiert, aber ich meine es ernst. Ich möchte dich aufrütteln und zum Nachdenken bringen. Ich bin nicht für Beliebigkeit und Anarchie. Ich will auch nicht sagen, es sei unwichtig, wie du lebst, sondern nur, dass es nicht Gottes Absicht ist, uns auf ein System von Werten zu fixieren. Er wollte nie, dass unser Lebensstil sich um das Prinzip von Richtig und Falsch rankt. Das wäre in verschiedener Hinsicht schädlich.

Die Konzentration auf die Frage, ob etwas richtig oder falsch ist, macht uns Menschen selbst-bewusst anstatt Gottes-bewusst. Vor dem Sündenfall spielten Gut und Böse für Adam und Eva keine Rolle. Ihr Augenmerk lag nicht auf ihrem eigenen Verhalten; stattdessen drehte sich ihr Leben um die Beziehung zu Gott. Sich auf ihr Verhalten zu konzentrieren, hätte sie selbst-bewusst und befangen gemacht; Gott wollte, dass sie sich auf ihn konzentrierten. Nach dem Fall wurden Adam und Eva sich plötzlich ihrer eigenen, von Gott getrennten Identität bewusst. Bis dahin waren sie dermaßen Gottes-bewusst gewesen, dass sie ihre eigene Nacktheit gar nicht wahrgenommen hatten. In gewissem Sinne hatten sie sich selbst noch gar nicht angesehen. Doch als sie vom Baum der Erkenntnis des Guten und Bösen aßen, wurden sie egozentrisch. Sie begannen, ihr eigenes Äußeres, ihre Handlungen und Haltungen zu beurteilen. Ihr Augenmerk ruhte nun nicht mehr auf Gott, sondern auf sich selbst.

Genau das macht die Konzentration auf Gut und Böse mit uns. Bevor ich den Wandel in der Gnade zu verstehen begann, verschwendete ich viel Zeit und Kraft darauf, mich selbst zu analysieren. Ich prüfte jedes Wort, jeden Gedanken, jede Handlung darauf, ob sie richtig oder falsch waren. Musste ich feststellen, dass die Spalte mit den »Falsch«-Einträgen länger wurde als die andere, bekam ich Schuldgefühle, und nichts kann dem Christen gründlicher die Freude rauben. Jetzt messe und bewerte ich mich nicht mehr nach Richtig und Falsch. Ich will einfach nur in Christus bleiben. Wenn ich in Christus bleibe, tritt die Frage, ob etwas richtig oder falsch ist, in den Hintergrund. Wenn ich in ihm bleibe, kommt seine Verhalten und sein Handeln durch mich zum Ausdruck. Tue ich es nicht, ist all mein Tun, und wenn es eine Mischung aus Billy Graham und Mutter Teresa wäre, in Gottes Augen wertlos!

Bist du auch jemand, der sich ständig selbst prüfen muss? Vance Havner sprach von Menschen, die

ihre Tage ständig in der Klinik zubringen, und sie sind Arzt und Patient zugleich. Der Teufel hat das größte Vergnügen an sensiblen, gewissenhaften, zur Selbstbeobachtung neigenden Seelen. Er bildet sie aus zu Sonderbeobachtern ihrer Stimmungen und macht aus ihnen Spezialisten in Sachen Gewissensprüfung mit besonderer Qualifikation zur Diagnose der Echtheit ihrer Aufrichtigkeit. Sie sind beunruhigt, weil sie nicht genug beten, zu wenig in der Bibel lesen, lässig sind im Zeugnisgeben und sich nicht genügend freuen. Aber sehr häufig finden solchermaßen bedrängte Menschen auch durch eine Steigerung ihrer Leistungen keine Erleichterung, weder mehr Gebetserhörungen oder mehr gelesene Kapitel helfen ihnen weiter. Sehr wahrscheinlich reizen sie ihre ohnehin schon erschöpften Nerven immer noch mehr und vergrößern damit nur noch ihre Last.[20]

---

20 Vance Havner, *Pleasant Paths*, Grand Rapids: Baker, 1983, 36.

Richard war zwei Wochen wegen seiner Depression in der Klinik, als ich ihn besuchte. Schon nach wenigen Minuten begann er, über seine Angst zu sprechen: »Mit neunundzwanzig habe ich gebetet und Jesus angenommen«, erklärte er. »Damals war es mir wirklich ernst, aber in letzter Zeit habe ich mich gefragt, ob ich wirklich Christ bin. Vielleicht habe ich es doch nicht wirklich ernst gemeint.« In der nächsten Stunde schüttete er alle seine Zweifel vor mir aus. Er zweifelte nicht nur an seiner Ernsthaftigkeit bei seiner Bekehrung, sondern fragte sich allen Ernstes, ob er bei seinem Gebet der Lebensübergabe das Richtige *gesagt* hatte. Er machte sich Gedanken, ob er auch wirklich Buße getan und seine Sünden bereut hätte. Es war offensichtlich, Richard hatte sein Bekehrungserlebnis Stück für Stück und gründlich analysiert, jeden Gedanken und jedes Wort. Er war gelähmt vor Angst, vielleicht doch kein Christ zu sein, weil er das Richtige womöglich nicht auf die richtige Art getan hatte. Seine Ängste bezüglich seiner Beziehung zu Gott hatten sich auf alle zwischenmenschlichen Beziehungen übertragen. Peinlich genau überprüfte Richard jedes Detail seines Lebens, und das trieb ihn tiefer und tiefer in die Depression.

Damit ist Richard nicht allein. Zwar führt die zwanghafte Selbstbeobachtung nicht jeden in die Psychiatrie; aber für viele Menschen ist diese ständige Selbstprüfung eine Quelle geistlicher Frustration. Kein Christ, der seine Aufmerksamkeit nur auf sich *selbst* richtet, kann sich wirklich am Leben freuen. Wie ist es mit dir? Sortierst du ständig dein Innenleben, damit du bei den selbst auferlegten Tests nicht durchfällst? Schau doch weg von dir selbst und richte deine volle Aufmerksamkeit auf Christus! Wenn du dich von diesem leistungsorientierten Lebensstil abwendest und beginnst, auf dem Weg der Gnade zu gehen, wirst du entdecken, wie überflüssig es ist, sich über die eigenen Haltungen und Handlungen den Kopf zu zerbrechen. Der Heilige Geist in dir wird deine Aufmerksamkeit schon auf die Dinge lenken, die geändert werden müssen. Und wenn du ihm diese Bereiche übergibst, wird er sie für dich ändern. Deine Aufgabe ist es einfach, in Christus zu ruhen. Er wird tun, was nötig ist. Das ist Gnade!

Die Konzentration auf die Frage, ob etwas richtig oder falsch ist, betont menschliche Werte statt göttliche Tugenden. Werte sind das Gerüst für ein Glaubenssystem, und auf dieser Struktur bauen wir unseren Lebensstil auf. Deshalb betonen gesetzliche Menschen gerne, die *richtigen Werte* zu haben. Falsche Werte, so behaupten sie, führen zu einem falschen Lebensstil. Ihre Logik ist unwiderlegbar. Unmoralische Werte bringen keinen moralischen Lebenswandel hervor. Moral basiert auf ehrbaren Werten. Dafür braucht man jedoch kein Leben von Gott, denn es geht dabei lediglich um unser *Verhalten*. Auch wer nicht wiedergeboren ist, kann hohe Werte vertreten, selbst solche, wie sie bei Christen üblich sind. Er kann sein Leben um die Grundsätze der Menschenfreundlichkeit herum bauen und das sogar mit beachtlichem Erfolg.

Aber der Gläubige sollte seinen Lebensstil nicht um irgendetwas herum bauen. Es geht hier um kein Bauprojekt. Es geht auch nicht darum, ein moralisches Leben zu führen, sondern ein *wunderbares!* Wir sollen in Christus ruhen und ihm erlauben, sein Leben durch uns zu leben. Wenn wir in Christus bleiben, werden seine göttlichen Tugenden sich in unserem Verhalten und Tun offenbaren.

Erkennen wir, dass der Wunsch, »richtig« zu leben, für einen Christen also irgendwie unpassend ist? Nicht wiedergeborene Menschen wollen oft wenigstens das. Wenn einer die richtigen Werte hat, kann er sehr wohl »richtig« leben, aber *gerecht* leben können wir nur, wenn Christus seine göttlichen Tugenden durch uns zum Ausdruck bringt. Nur korrekt leben zu wollen ist für einen Christen zu wenig. Wer das göttliche Wesen Jesu in sich trägt, ist zu weitaus mehr fähig!

Verstehst du, wie menschliche Werte dich daran hindern können, das Leben Christi durch dich zum Ausdruck zu bringen? Als mein Sohn Andrew fünf Jahre war, ging ich einmal mit ihm Schuhe kaufen. Er wählte ein Paar schicke Lederschuhe und schlüpfte hinein. Ich machte die Daumenprobe und da war noch viel Platz zwischen seiner großen Zehe und der Spitze. »Was meinst du, passen sie dir?«, fragte ich. »Ja, gut!«, erwiderte er. Ich ließ mir noch bestätigen, dass er genau dieses Paar wollte, und wir kauften die Schuhe und gingen nach Hause.

Etwa drei Tage später beklagte er sich, ihm würden in den Schuhen die Füße wehtun. Melanie kniete sich hin, fühlte nach und stellte fest: Die Zehen stießen vorne an! »Steve, diese Schuhe sind zu klein!«, sagte sie in dem Ton, den Ehefrauen manchmal haben, wenn sie sagen wollen: »Wäre ich doch bloß selber gegangen!«

»Ich *habe* gefühlt und hatte den Eindruck, es sei in Ordnung«, erwiderte ich. Und zu Andrew gewandt: »Junge, hast du nicht gesagt, die Schuhe würden passen?« »Ja«, sagte Andrew, »wenn ich die Zehen einziehe, sind sie gut.«

Genauso passend sind dem Christen die Werte. Sie fühlen sich ziemlich gut an, wenn wir »die Zehen einziehen«. Als gesetzlicher Mensch betonte ich, wie wichtig Werte sind. Ich hatte versucht, die passende christliche Größe zu finden und zu tragen, aber es fühlte sich nie wirklich gut an. Erst als ich die Gnade entdeckte, wurde mir bewusst, wie unbequem das alles die ganzen Jahre gewesen war. Kneifen und zwicken sie dich auch, diese Werte, egal wie sehr du dich bemühst, nach deinen christlichen Grundsätzen zu leben? Wirf deine Schuhe weg und laufe barfuß über das weite Feld der Gnade Gottes! Gott wird schon dafür sorgen, dass du nicht auf die falschen Stellen trittst.

Die Konzentration auf die Frage, ob etwas richtig oder falsch ist, betont das Gesetz anstatt das Leben. Das Kriterium dafür, ob etwas richtig oder falsch ist, finden wir im Gesetz Gottes. Nur durch das Gesetz erkennen wir den Unterschied zwischen Gut und Böse. Der Apostel Paulus sagte, ohne die Unterweisung des Gesetzes hätte er nicht erkannt, was verkehrt war.»Aber ich hätte die Sünde nicht erkannt, außer durch das Gesetz; denn von der Begierde hätte ich nichts gewusst, wenn das Gesetz nicht gesagt hätte: Du sollst nicht begehren!« (Röm 7,7)

Ohne das Gesetz hat man keinen Maßstab für Richtig und Falsch. Das Prinzip von Gut und Böse ist untrennbar mit Gottes Geboten verbunden. Man kann beides *nicht* voneinander trennen. Paulus geht so weit zu sagen, dass »ohne das Gesetz die Sünde tot ist« (Röm 7,8). Getrennt vom Gesetz haben Richtig und Falsch keinerlei Bedeutung.

Ohne Gesetz ist es unmöglich zu unterscheiden, was richtig und was falsch ist. Das Gesetz ist ein in Regeln gefasster Ausdruck von Gottes Gerechtigkeit, sichtbares Symbol seiner ewigen Reinheit. Das Gesetz sagt denen, die es sehen: »So solltest du aussehen!« Es zeigt uns, dass wir nicht so aussehen, wie wir sollten, aber es kann uns nicht helfen, unser Aussehen zu ändern.

Wer sich zwanghaft auf die Frage konzentriert, ob etwas richtig oder falsch ist, wird immer enttäuscht. Ein solcher Mensch sieht im Gesetz nur, was er tun oder lassen sollte. Aber er kann nie die Veränderungen *durchführen, die vom Gesetz her nötig wären.* Paulus bezeichnete sich während seines Versuchs, dem Gesetz Genüge zu tun, als »elender« Mensch. Aber erinnerst du dich noch an die guten Neuigkeiten in Kapitel 6? Wir müssen nicht mehr unter dem Gesetz leben.»Jetzt aber sind wir vom Gesetz frei geworden, da wir dem gestorben sind, worin wir festgehalten wurden, so dass wir im neuen Wesen des Geistes dienen und nicht im alten Wesen des Buchstabens« (Röm 7,6).

Weil wir mit Christus gekreuzigt wurden, sind wir vom Gesetz befreit. Wir müssen nicht mehr länger unter einem Regelwerk leben, das richtiges und falsches Verhalten definiert. Wir sind jetzt frei, das Leben im Geist zu genießen. Gott versprach den Heiligen des Alten Testaments, eines Tages würde er sein Gesetz in die Herzen seines Volkes schreiben. Dieser Tag ist nun gekommen!

Bevor du Christ wurdest, warst du mit dem Gesetz verheiratet. Aber dann starbst du mit Christus und damit war die Ehe aufgelöst. Dann wurdest du ein zweites Mal geboren. In diesem neuen Leben hast du einen ganz anderen Ehemann – es ist Herr Gnade selbst, Jesus! Herr Gesetz war sehr anspruchsvoll und du konntest es ihm niemals recht machen. Nicht nur, dass er von sich selbst behauptete, er sei vollkommen; er war es auch und erwartete dasselbe von dir. Er half dir nicht, etwas richtig zu machen, aber hielt dir den kleinsten Fehler unverzüglich vor. Herr Gnade ist ganz anders. Was er getan haben möchte, erledigt er gleich selbst. Und jede Last, die er dir auflegt, ist leicht. Nun ja, eigentlich ist es noch mal anders: Wenn er dich bittet, eine Last aufzuheben und zu tragen, dann hebt er *dich* auf und *trägt* dich! Er ist wirklich ein angenehmer Ehemann, immer »voller Gnade und Wahrheit«.

Viele Jahre lang dachte ich, Herr Gnade sei genau dieselbe Art von Ehemann, wie Herr Gesetz es war. Eines Tages sagte er zu mir: »Ich bin nicht Herr Gesetz! Hör doch endlich auf zu denken, ich sei wie er! Du *bist* nicht mehr mit ihm verheiratet!« Obwohl ich schon lange mit Herrn Gnade verheiratet war, hörte ich an jenem Tag zum ersten Mal *wirklich*, was er sagte. Er verurteilt mich nicht. Er liebt mich so, wie ich bin! Herr Gnade sieht meine

Fehler zwar auch, aber dann hilft er mir geduldig und liebevoll, damit ich wachsen kann. Er ist nie genervt! Eine Scheidung von ihm ist unmöglich. Ich bin eins mit ihm, »bis der Tod uns scheidet«, und keiner von uns wird jemals sterben!

Jede Ehe, bei der die Frau wie auf Eiern gehen muss, um ihren Mann ja nicht zu reizen, ist schwierig. Dreht sich dein Christsein vor allem darum, deine Handlungen und Haltungen darauf zu prüfen, ob sie richtig oder falsch sind? Wenn ja, dann lebst du immer noch unter dem Gesetz. Wie kannst du dich an deiner Beziehung zu Jesus freuen, wenn du ständig abchecken musst, ob du etwas darfst oder nicht? Jesus liegt nichts an den Regeln. Richtig und Falsch sind für ihn nebensächlich. Er liebt dich und möchte, dass du dich an seiner Liebe freust und ihn postwendend wiederliebst! Um nichts anderes geht es in der Ehe. Herr Gesetz lebt zwar noch, aber du wirst nie wieder mit ihm verheiratet sein. Dein neues Ich ist in alle Ewigkeit eins mit Christus.

Wenn ein Christ beginnt, den Weg der Gnade zu gehen, kann es sein, dass er versucht ist, das Wesen von Herrn Gesetz in Jesus hineinzuprojizieren. Das ist ein trauriger Fehler. Als ich begann, als Christ unter der Gnade zu leben, fragte ich mich, ob ich nicht darauf achten müsste, nicht das Gleichgewicht zu verlieren. Vielleicht bestand ja die Gefahr, dass ich wegen der vielen Gnade meinte, ich dürfte wieder sündigen. Doch bald stellte ich fest: Schon ein einziger Aspekt meiner neu entdeckten Freiheit motivierte mich mehr zu einem Gott gefälligen Lebensstil, als es tausend Gesetze je fertig gebracht hätten. Ja, die Gnade ist das *Einzige*, was einen Christen vom Sündigen abhalten kann.

Kapitel 9
All you need is Love

Was glaubt sie denn, für wen ich all das tue?« Lance war sichtlich sauer. Er war mit seiner Frau Brenda zur Beratung gekommen, weil sie Eheprobleme hatten. Eine ganze Viertelstunde lang hatte sie mir unter vielen Tränen erzählt, dass Lance ihren emotionalen Bedürfnissen einfach nicht gerecht wurde. Lance war ein erfolgreicher Unternehmer in der Stadt. Tatsächlich war er einer der reichsten Männer, die ich kannte.

»Lance, du bist so viel weg, und selbst wenn du zu Hause bist, bist du nicht *da*«, fuhr Brenda fort.

»Als ich letztes Jahr mit ihr auf Europareise war, hat sie sich nicht beschwert«, warf Lance ein und sah mich an, als hoffe er auf mein Verständnis. »Ich habe auch noch nie gehört, dass sie sich über ihren Schmuck beschwert hätte oder das Haus am See, das wir *gemeinsam* genießen.«

»Du verstehst es einfach nicht!«, platzte Brenda heraus. Sie wurde immer lauter. »Ich will, dass es wieder so ist wie früher. Damals hatte ich nicht all diese *Dinge*, aber ich hatte *dich*. Du sagst, du tust das alles nur für mich, aber das interessiert mich überhaupt nicht, solange ich nicht das Gefühl habe, dass du mich liebst.«

Der tote Punkt, an dem Lance in der Beziehung zu seiner Frau steckte, war ganz ähnlich wie das Problem, das mich daran hinderte, mich ganz bewusst an Gottes Gegenwart zu freuen. Lance sah allein, was er *für* Brenda tat, dabei wollte sie *ihn* und seine Nähe spüren. Auch in meinem Leben gab es Zeiten, in denen ich so beschäftigt damit war, etwas *für Gott* zu tun, dass mir das Gefühl für seine Nähe darüber völlig verloren ging. Wenn ein Christ sich jedoch von seinem gesetzlichen, leistungsorientierten Lebensstil abwendet und beginnt, den Weg der Gnade zu gehen, dann wächst sein Interesse an einer intimen Beziehung zu Jesus ganz automatisch. Zuvor mag er wohl in seinen *Aktivitäten* eine gewisse Befriedigung gefunden haben; wer aber verstanden hat, dass Christus sein Leben ist, für den ist nur noch eines wichtig, nämlich diesen Christus immer besser kennenzulernen.

Jetzt, wo ich lerne, in der Gnade zu leben, bereitet mir meine Beziehung zu Gott richtig *Vergnügen*. Hast du schon einmal jemanden sagen hören: »Ich liebe diese Person, aber, nein, verliebt bin ich nicht«? Nun, das ist wohl die beste Beschreibung für mein Leben vor der großen Veränderung, die stattfand, als mein Leben ausgetauscht wurde. Ich hatte den Herrn geliebt und mich bemüht, für ihn zu tun, wovon ich dachte, es würde ihm gefallen. Aber nachdem er sich mir als mein Leben offenbart hatte, verliebte ich mich immer mehr in ihn und das hat meine Beziehung zu ihm total verändert. Ich *genieße* unsere Beziehung wie nie zuvor. Genießt du deine Beziehung zu Jesus Christus auch? Freust du dich an der Nähe zu ihm? Genau das möchte er mehr als alles andere. Er ist der Bräutigam und wir sind die Braut. Jeder Bräutigam freut sich am allermeisten darüber, dass seine Braut ihre größte Freude daran findet, mit ihm zusammen zu sein. Hast du schon einmal zwei Jungverheiratete beobachtet? Der Überschwang ihrer Liebe ist für jeden erkennbar. Die Bibel erzählt eine Liebesgeschichte, die zeigt, wie Jesus sich die intime Beziehung mit den Seinen wünscht. Das Hohelied Salomos ist eine romantische Erzählung über die Beziehung zwischen König Salomo und der jungen Sulamit. Sie trieft nur so vor Süße. Die Romanze beginnt mit Sulamits Worten: »Er küsse mich mit den Küssen seines Mundes! Denn deine Liebe ist besser als Wein« (Hld 1,2). Dann sagt sie, wie sehr sie ihn begehrt. Sie ist hungrig nach seiner Liebe. Eines Abends legt sie sich zum Schlafen hin, aber sie kommt nicht zur Ruhe, weil sie bei ihm sein möchte.

Auf meinem Lager in den Nächten suchte ich ihn, den meine Seele liebt; ich suchte ihn, aber ich fand ihn nicht. »Ich will doch aufstehen und in der Stadt umherlaufen, auf den Straßen und Plätzen; ich will ihn suchen, den meine Seele liebt!« Ich suchte ihn, aber ich fand ihn nicht. Mich fanden die Wächter, welche die Runde machten in der Stadt: Habt ihr ihn gesehen, den meine Seele liebt? Kaum war ich an ihnen vorübergegangen, da fand ich ihn, den meine Seele liebt. Ich hielt ihn fest und ließ ihn nicht mehr los, bis ich ihn in das Haus meiner Mutter gebracht hatte, ins Gemach derer, die mich empfangen hat. (Hld 3,1-4)

Solche eine Braut würde sich wohl jeder Mann wünschen, oder nicht? Sie verzehrte sich nach ihm. Ihre Liebe und die Sehnsucht nach ihm trieben sie an. Keine Gefahr, kein Opfer waren zu groß, um ihm nahe zu sein. Wenn es sein musste, ging sie auch um Mitternacht auf die Straße, um ihn zu suchen. So sehr verlangte sie nach ihm. Und genauso möchte Gott, dass wir uns nach ihm sehnen. Wie dumm war ich doch zu denken, Gott interessiere sich vor allem für das, was ich für ihn tue. Ich lebte so, als wollte der Herr eine Magd, die ihm dient. Dabei wünscht er sich eine Braut, die ihn liebt und sich förmlich nach ihm verzehrt vor Sehnsucht! Doch nicht nur die Braut sehnte sich nach dem Mann. Er selbst wollte sie noch viel mehr. Er hatte den ersten Schritt getan hin zu dieser Beziehung. Und jedes kleinste Liebeszeichen von ihr sog er förmlich in sich hinein. Er sagte zu ihr:

Du hast mir das Herz geraubt, meine Schwester, [meine] Braut; mit einem einzigen deiner Blicke hast du mir das Herz geraubt, mit einem einzigen Kettchen von deinem Halsschmuck! Wie schön ist deine Liebe, meine Schwester, [meine] Braut; wie viel besser ist deine Liebe als Wein, und der Duft deiner Salben als alle Wohlgerüche! Honigseim träufeln deine Lippen, [meine] Braut, Honig und Milch sind unter deiner Zunge, und der Duft deiner Kleider ist wie der Duft des Libanon! (Hld 4,9-11)

Spüren wir, was für eine Beziehung die beiden zueinander hatten? Das Hohelied Salomos ist so freimütig, dass schon mancher gefragt hat, warum es in der Bibel steht. Nun, das verdanken wir wohl dem Heiligen Geist. Er will uns mit dieser Geschichte zeigen, welch enge, intime Beziehung Christus zu seiner Braut haben möchte.

Jesus möchte mehr als »Alles will ich weih'n«

»Alles will ich Jesus weihen«, mit diesem Lied bin ich aufgewachsen. Es ist ein gutes Lied und betont, wie wichtig es ist, Jesus alles zu übergeben. Man könnte es im Licht einer Art absoluter Übergabe verstehen, wie ich sie erfuhr, als ich weinend hinter meinem Schreibtisch auf dem Boden lag. Doch sollten wir dabei nicht stehen bleiben auf unserem Weg der Gnade. Auch als gesetzlicher Mensch hatte ich ständig betont, dass wir Gott alles übergeben sollen; allerdings sind wir Christi *Braut* und nicht seine Geisel. Ich will damit nicht sagen, eine totale Übergabe an Gott sei überflüssig;

> Ich lebte so, als wollte der Herr eine Magd, die ihm dient. Dabei wünscht er sich eine Braut, die ihn liebt und sich förmlich nach ihm verzehrt vor Sehnsucht!

aber er will mehr als das. Niemand will eine frigide Braut. Jeder Bräutigam möchte, dass seine Braut ihn *begehrt* und sich ihm nicht einfach nur *hingibt*. Je mehr du verstehst, was Gnade bedeutet, desto mehr wird der Wunsch nach Jesus und seiner Nähe dein Leben beherrschen. Bevor es soweit ist, kann es allerdings sein, dass du dich noch mit ein paar verkehrten Glaubenssätzen auseinander setzen musst.

Die Bibel erklärt unsere Beziehung zu Gott am Beispiel menschlicher Beziehungen. Das Hohelied Salomos vergleicht unsere Beziehung zu Christus mit der eines Mannes und einer Frau, die geradezu verrückt sind nacheinander. Eine andere Geschichte, die Gottes Liebe zu seinen Kindern zeigt, ist das Gleichnis vom verlorenen Sohn. Auch hier geht es um Vertrautheit und Nähe, und die Einstellung des rebellischen Sohns zu seinem Vater könnte etwas davon widerspiegeln, was auch bei dir bisher einer engen Beziehung zu Gott im Weg steht. *Der Sohn glaubte, dass sein Vater ihn nicht akzeptierte.* Als seine Mittel erschöpft waren und er beschloss, zum Vater zurückzukehren, übte er eine Rede ein, mit der er seinen Vater günstig stimmen wollte: »Vater, ich habe gesündigt gegen den Himmel und vor dir, und ich bin nicht mehr wert, dein Sohn zu heißen; mache mich zu einem deiner Tagelöhner!« (Lk 15,18-19)

Ich hatte immer geglaubt, in diesem Gleichnis ginge es um die Vergebung. Aber aus der Perspektive der Gnade wird deutlich, hier geht es nicht um Vergebung, sondern um *Angenommensein.* Da ist ein junger Rebell, der dachte, wegen seines sündigen Verhaltens habe er die Anerkennung seines Vaters nicht verdient. Er beschloss, nach Hause zu gehen und seinen Vater um Vergebung zu bitten. Er fühlte sich so unwürdig, dass er nur noch hoffte, ein Knecht sein zu dürfen. Doch die Geschichte zeigt ganz klar: Der Vater *hatte* ihm schon verziehen und war bereit, ihn vollständig und bedingungslos anzunehmen, wenn er wieder nach Hause kam. Und wirklich: Als der Vater den Sohn in der Ferne sah, rannte er auf ihn zu, fiel ihm um den Hals und küsste ihn. Dann versuchte der Sohn, die einstudierte Rede zu halten.

Aber der Vater sprach zu seinen Knechten: Bringt das beste Festgewand her und zieht es ihm an, und gebt ihm einen Ring an seine Hand und Schuhe an die Füße; und bringt das gemästete Kalb her und schlachtet es; und lasst uns essen und fröhlich sein! (Lk 15,22-23)

Wir hören oft, wie wichtig es ist, Gott um Vergebung zu bitten, wenn wir gesündigt haben. Doch die Bibel lehrt ganz klar, dass uns alles vergeben wurde, als wir Christus aufnahmen. Gott hat uns unsere *sündige Natur* vergeben und damit auch jede einzelne Sünde, die wir je begehen würden.

Nach einer Predigt über die Vergebung kam Denise zu mir. »Steve, hast du wirklich gesagt, dass auch meine *zukünftigen* Sünden schon vergeben sind?« Ich fragte zurück: »Denise, wann hat Jesus die Strafe für deine Sünden bezahlt?« – »Vor zweitausend Jahren, am Kreuz«, war ihre Antwort. »Wie viele deiner Sünden lagen damals noch in der Zukunft?« Man konnte in ihrem Gesicht sehen, wie es ihr dämmerte. Mit einem Lächeln antwortete sie: »Alle!«

Gott hat doch kein Konto mit unserem Namen angelegt, von dem wir bei Bedarf seine Vergebung abheben können. Bei unserer Wiedergeburt hat er das gesamte Vergebungskonto für uns abgeräumt! Als Christus starb, wurde unsere Schuld vollständig getilgt, und das trat für uns in Kraft, als wir uns ihm im Glauben zuwandten. Ist der Vater des verlorenen Sohns jemals zornig auf ihn gewesen? Die Bibel gibt uns keinerlei Hinweis darauf. Er wollte nur, dass der Sohn sein dummes Verhalten einsah und nach Hause kam. Der Vater hatte nie aufgehört, den Sohn zu akzeptieren, auch wenn es dem so vorkam.

Wenn Satan dir einreden kann, Gott würde dich ablehnen, weil du dich schlecht benommen hast, dann kann er dich noch länger in dem fernen Land festhalten. Wenn du aber weißt, dass dein Vater dich liebt und dich zu jeder Zeit rundum akzeptiert, dann motiviert dich das, die Dummheit deiner Sünde einzusehen und nach Hause zu rennen, zurück in seine Vaterarme.

Soll dann ein Christ seine Sünde überhaupt nicht mehr bekennen? Doch, wenn Sünden bekennen heißt, zuzugeben, wie dumm unser Ungehorsam dem Vater gegenüber war, und ihn dann dafür zu preisen, dass er uns schon verziehen und vollständig angenommen *hat*. Wir müssen nicht um Vergebung betteln. Das Herz des Vaters ist uns gegenüber voller Verzeihung, weil er uns bedingungslos liebt. Hast du das *Gefühl*, Gott würde dich nicht so annehmen, wie du bist? Dann lügen deine Gefühle dich an! In Christus hat Gott dich vollständig angenommen! Es ist schwierig, jemanden leidenschaftlich zu lieben, wenn man meint, er akzeptiere einen nicht. Wenn wir nicht verstanden haben, was von Gott angenommen sein bedeutet, ist das ein großes Hindernis für eine vertraute Beziehung zu ihm.

Der Sohn hatte nicht begriffen, wer er war. Weil der verlorene Sohn sich nicht im klaren war über seine eigene Identität, glaubte er, er sei es nicht wert, eine vertraute Beziehung zu seinem Vater zu haben. Er dachte, er hätte das Recht verwirkt, seinem Vater als Sohn zu begegnen, und sein Vater würde ihn abweisen. Er hielt sich für einen schlechten Menschen, der höchstens noch als Knecht ins Haus seines Vaters kommen durfte.

Diese Einstellung ist auch unter Christen weit verbreitet. Viele wissen zwar, dass ihnen vergeben wurde, aber sie halten sich für schlechte Menschen, die Gott durch harte Arbeit beweisen müssen, wie leid ihnen ihre Sünden tun. Bevor ich begann, in der Gnade zu wandeln, hatte ich Gott oft gebetet, meine Sünden zu vergeben, und ihm versprochen, noch eifriger in der Bibel zu lesen, anhaltender zu beten, eifriger Zeugnis zu geben. Ich glaubte nicht wirklich, ich müsste seine Vergebung verdienen, aber irgendwie fühlte ich mich gezwungen, meine Ernsthaftigkeit unter Beweis zu stellen. Ich dachte, er würde sich freuen, wenn ich mich erneut verpflichtete, das zu *tun*, was er meiner Meinung nach von mir erwartete. Oft lag ich wie ein Häufchen Elend vor Gott und versprach, es das nächste Mal besser zu machen.

Musste der verlorene Sohn vor seinem Vater im Staub kriechen? War der Vater irgendwie widerwillig oder auch nur zögerlich, ihn aufzunehmen? Es war doch sein Sohn! Daran würde sich nie etwas ändern. Er war sein Sohn, *bevor* er in das ferne Land ging, *während* er in dem fernen Land war, und auch *nach seiner Rückkehr*. Daran hatte sich nichts geändert. Der verlorene Sohn hatte vergessen, wer er war, aber der Vater nicht, nicht einen Augenblick.

Es ist wichtig zu verstehen, dass der Vater ihm das Erbe *gegeben* hatte. Ob er wohl geahnt hat, wie er es vergeuden würde? Schließlich hatte er Tag für Tag mit dem Jungen zusammen gelebt und kannte seine Schwächen. Er war nicht schockiert, als der Sohn sein Zuhause verließ und in ein fernes Land aufbrach. Er ließ es zu, obwohl er wusste, dass sein Sohn das Geld wahrscheinlich ziemlich wild verschleudern würde. Glaubst du, deine Sünden könnten Gott schockieren? *Er kennt dich.* Nichts, was du tust, überrascht einen allwissenden Gott.

Ich war oft beunruhigt, weil ich dachte, ich hätte Gott enttäuscht, aber das geht gar nicht. Enttäuschung ist die Folge einer nicht erfüllten Erwartung. Gott kann gar nicht enttäuscht werden, weil er schon weiß, wie wir in dieser oder jener Situation reagieren werden. Ich behaupte nicht, es wäre Gott gleichgültig, wenn wir sündigen. Es betrübt das Herz unseres liebenden Vaters, wenn er sieht, dass wir dumme Entscheidungen treffen. Aber es überrascht ihn nicht.

Warum erlaubte der Vater seinem Sohn zu gehen, obwohl er wusste, was er in dem fernen Land tun würde? – Aus Gnade! Hat ein Christ die Freiheit zu tun, was auch immer er tun will? Ja. Wenn du es willst, wird dein himmlischer Vater auch dir erlauben, in ein fernes Land zu reisen. Paulus sagte: »Alles ist mir erlaubt – aber nicht alles ist nützlich! Alles ist mir erlaubt – aber ich will mich von nichts beherrschen lassen!« (1 Kor 6,12).

Im letzten Kapitel haben wir gesagt, Gläubige lebten nicht mehr länger unter den Gesetzen von Richtig und Falsch. Wir haben die Freiheit zu sündigen. Aber wenn wir wissen, wer wir sind, dann begreifen wir: Nicht alles, was erlaubt ist, ist auch unbedingt nützlich. Tatsächlich kann es sogar schädlich sein. Ist mit dem Satz »Alles ist mir erlaubt« gemeint, dass Sünde in Gottes Augen in Ordnung ist? Nein! Unter der Gnade leben bedeutet, dass wir sündigen *können*, wenn wir wollen. Wir haben die Freiheit, auch dumme Entscheidungen zu treffen.

Wenn dir dass alles noch neu ist und du erst beginnst, ernsthaft über den Unterschied zwischen dem Weg der Gesetzlichkeit und dem Weg der Gnade nachzudenken, fragst du jetzt wahrscheinlich: »Soll das vielleicht heißen, dass die Gnade *alle* Sünden zudeckt und ich hingehen und sündigen kann, wie es mir gefällt?« Ja, genau das sage ich. Aber ehe du das Buch jetzt in den Papierkorb wirfst, lies bitte weiter. Denn diese Frage ist nicht neu. Schon Paulus wurde gefragt, ob wir einfach drauflos sündigen können, wenn die Gnade doch alles zudeckt. In Römer 5 hat er erklärt, dass und wie wir den Gesetzen gegenüber tot sind, die regeln, ob etwas richtig oder falsch ist.

Kapitel 6 beginnt er dann mit der Frage, die kommen *musste*: »Heißt das, dass wir weiter sündigen sollen, damit Gott Gelegenheit hat, uns noch mehr Gnade zu schenken?« Paulus wusste, dass sie diese Frage stellen würden, so wie es die Menschen heute tun, wann immer »Gnade pur« gepredigt wird. Er beantwortet sie, indem er daran erinnert, dass sie der Sünde *gestorben* seien.

Ja, du *kannst* sündigen. Doch wenn du weißt, wer du in Christus bist, dann *willst* du es gar nicht mehr. Wenn du begriffen hast, wer du bist, dann wächst der Wunsch nach vertrauter Gemeinschaft mit dem himmlischen Vater wie von selbst. Wenn du nicht weißt, wer du bist, siehst du dich wahrscheinlich als Knecht, der seine Sünden wiedergutmachen muss. Knechten fällt es schwer, einen vertrauten Umgang mit ihrem Herrn und Meister zu pflegen. Väter und Söhne dagegen haben Freude daran, einander nahe zu sein. Siehst du dich in erster Linie als Gottes *Kind* oder als sein *Knecht*?

Ein Christ, der nicht glaubt, dass er bei Gott total angenommen ist, oder der seine Identität nicht kennt, hat es schwer mit der vertrauten Beziehung zu Gott. Intimität entwickelt sich zwischen Menschen, die sich einander mitteilen. Zwischen dem Christen und Gott kann das nur geschehen, wenn der Gläubige ein biblisches Verständnis seiner Beziehung zu dem himmlischen Vater erlangt.

Liebe und die Gebote des Neuen Testaments

Die einzige Motivation im Leben des Christen, die einen Gott gefälligen Lebensstil fördert, ist die Liebe. Alles andere wird schließlich versagen. Wenn die Christen unserer Tage so viel Zeit darauf verwenden würden, die liebevolle Nähe zu Christus zu pflegen, wie sie dafür aufbringen, korrektes christliches Verhalten zu definieren, sähe die Welt anders aus. Nicht ohne Grund sieht die unerlöste Welt das Christentum als eine Religion, in der bestimmte Verhaltensmuster gelten. Auch viele Christen stellen genau diesen Aspekt in den Mittelpunkt. Sie wollen für jeden Lebensbereich ein Gebot von Gott, das sie dann einhalten können.

Welchen Stellenwert haben nun die Gebote des Neuen Testaments im Leben eines Gläubigen? Bedeutet frei vom Gesetz sein, dass wir die biblischen Gebote nicht zu befolgen brauchen? Es gibt zwei Möglichkeiten, die Gebote des Neuen Testaments zu betrachten – vom Standpunkt des Gesetzes aus oder aber aus der Perspektive der Liebe, die verstanden hat, was Gnade ist.

Ein Christ, der die Gebote des Neuen Testaments vom Standpunkt des Gesetzes aus betrachtet, sieht sie negativ. Für ihn sind die Gebote etwas, das er *tun sollte*. Sie lasten schwer auf ihm und erinnern ihn ständig daran, was er alles noch tun muss, um Gott wirklich zu gehorchen. Im Leben eines gesetzlichen Menschen ruft dies das quälende Gefühl hervor, dass ihm etwas fehlt. Er meint, er müsste sich *anstrengen*, den Geboten zu gehorchen, denn das erwarte Gott von ihm.

Eines Tages kam Mark zu mir, sein Gebetstagebuch in der Hand. »Ich will dir etwas zeigen«, sagte er. Er öffnete sein Tagebuch und zeigte mir einen bestimmten Eintrag. Er hatte beschlossen, dass er fünf bestimmte Ziele ansteuern musste, um geistlichen Sieg zu erleben. Die Liste umfasste täglich eine halbe Stunde Gebet, täglich fünf Kapitel in der Bibel lesen, jeden Tag Familienandacht halten, jede Woche irgendjemandem etwas spenden und jeden Tag jemandem seinen Glauben bezeugen.

»Das alles ist doch nur das ABC des Christseins«, erklärte er mir. »Aber auf Dauer schaffe ich nicht einmal das. Wie kann ich mich motivieren, darin treu zu sein?« Mark hatte sich eine nette Liste von Geboten erstellt, die er glaubte halten zu müssen, um siegreich zu sein. Aber er betrachtete sie vom Standpunkt des Gesetzes aus und nicht aus der Perspektive der Gnade.

Kannst du dich erinnern, was das Gesetz mit einem Menschen macht? Es weckt sündige Leidenschaften. Deshalb konnte Mark diese elementaren Gebote nicht befolgen und war infolgedessen äußerst besorgt. So geht es jedem gesetzlichen Menschen. Er sieht die Gebote des Neuen Testaments durch seine Brille von Schuldbewusstsein und Selbstverurteilung. Nie tut er genug, um Gott zu gefallen. Selbst wenn Mark es geschafft hätte, die Gebote, die er für die wichtigsten hielt, zu erfüllen, wäre er immer noch frustriert gewesen. Das Gesetz sagt nie: »Es ist genug!« Deshalb können gesetzliche Menschen nie zufrieden sein. Sie brauchen immer mehr und neue Regeln in dem vergeblichen Versuch, durch ihr Verhalten Befriedigung zu finden. Doch egal, wie viel sie tun, es reicht nie.

Es gibt eine bessere Möglichkeit, die neutestamentlichen Gebote zu verstehen. Wenn du auf dem Weg der Gnade vorwärts gehst, wird sich in deinem Denken etwas verändern und du beginnst, die Gebote positiv zu sehen. Du verstehst sie mehr und mehr von der Grundlage der Liebe her: »Denn das ist die Liebe zu Gott, dass wir seine Gebote halten; und seine Gebote sind nicht schwer« (1 Joh 5,3).

Unter dem Blickwinkel der Gnade sehen wir die Gebote nicht als Verpflichtung, sondern als eine Möglichkeit, wie sich das Leben Christi durch uns offenbaren kann. Wir *wollen* mit Gehorsam darauf reagieren, weil die Gebote ein schönes Bild davon zeichnen, wie durch unseren Lebensstil das Leben Christi gesehen werden kann. Durch die Gnade befreit, empfinden wir den Geboten gegenüber nicht mehr Schuldgefühle, sondern sind gespannt darauf, wie Jesus Christus sein Leben in uns offenbaren wird. Vor zweitausend Jahren hat Jesus nicht das Gesetz gebrochen, sondern vielmehr erfüllt. Weil er heute sein Leben durch uns lebt, erfüllt *er* die Befehle des Neuen Testaments. Der Christ *bleibt* in Christus, *entscheidet sich dafür*, seinen Geboten zu gehorchen und *handelt* dann *im Glauben*. Jedes Gebot ist eine weitere Möglichkeit, wie Christus in uns gesehen werden kann!

Kämpfst du in deinem Christsein um den Sieg? Konzentriere dich nicht auf die Gebote, sie sind keine Tür zum Sieg. *Christus* ist dein Sieg! Wenn du lernst, in ihm zu bleiben, und er seinem Leben durch dich Ausdruck verleiht, werden dir die Gebote zum

Segen, nicht zur Last. Auf dem Weg der Gnade erlebst du Freude, keine Schuldgefühle. Jesus sagte: »Wenn ihr mich liebt, so werdet ihr meine Gebote halten« (Joh 14,15 Elb). Als gesetzlicher Mensch las ich aus diesem Vers heraus: »Halte meine Gebote, um mir zu zeigen, dass du mich liebst.« Und so gab ich mir alle Mühe, zu tun, was Jesus sagte – denn ich wollte ihm ja zeigen, dass ich ihn liebte. Aber der Vers sagt etwas ganz anderes. Jesus sagte, *wenn* wir ihn lieben, *dann* halten wir seine Gebote. Erkennst du den Unterschied? Von der einen Perspektive aus ist es eine Last, aus der anderen eine Befreiung vom Kampf. Wenn wir es nicht schaffen, die Gebote zu halten, ist das nicht das Problem selbst, sondern lediglich ein Symptom des Problems. Das echte Problem hinter dem Ungehorsam ist der Mangel an Liebe. Die Lösung in unserem Ringen um beständigen Gehorsam heißt, ihn mehr zu lieben! Das wirft jedoch eine weitere Frage auf: *Wie können wir* in der Liebe zu unserem himmlischen Vater wachsen?

Ihn kennen heißt ihn lieben

Stell dir einmal vor, Jesus würde in leiblicher Gestalt das Zimmer betreten, in dem du dich gerade befindest. Er kommt zu dir und ihr beginnt euch zu unterhalten. Als er wieder gehen will, sagst du: »Jesus, darf ich dich noch etwas fragen? Ich habe sehr viel Zeit und Kraft in alles Mögliche auf dieser Welt investiert. Aber jetzt möchte ich, dass der Rest meiner Zeit auf dieser Erde wirklich zählt. Welches Gebot ist für dich wichtiger als alle anderen?«

Was meinst du, was er antworten würde? Nein, wir brauchen nicht zu raten; denn als er auf der Erde lebte, hat ihm schon ein anderer diese Frage gestellt. Ein religiöser Leiter wollte wissen:

»Meister, welches ist das größte Gebot im Gesetz? Und Jesus sprach zu ihm: ›Du sollst den Herrn, deinen Gott, lieben mit deinem ganzen Herzen und mit deiner ganzen Seele und mit deinem ganzen Denken‹. Das ist das erste und größte Gebot« (Mt 22,36-38).

Als Jesus nach Gottes größtem Gebot gefragt wurde, sagte er, wir sollten Gott lieben. Man kann Gott nur in dem Maße lieben, wie man ihn kennt. Deshalb ist es so überaus wichtig, ihn wirklich gut zu kennen. Kurz bevor er festgenommen und von seinen Jüngern getrennt wurde, war es Jesus ein Anliegen, dass sie eine tiefe Liebe zum Vater haben sollten. Denken wir nur an die Schlussworte seines Gebets beim letzten Abendmahl:

> Das echte Problem hinter dem Ungehorsam ist der Mangel an Liebe. Die Lösung in unserem Ringen um beständigen Gehorsam heißt, ihn mehr zu lieben!

Gerechter Vater, die Welt erkennt dich nicht; ich aber erkenne dich, und diese erkennen, dass du mich gesandt hast. Und ich habe ihnen deinen Namen verkündet und werde ihn verkünden, damit die Liebe, mit der du mich liebst, in ihnen sei und ich in ihnen. (Joh 17,25-26)

Jesus sagte, er habe den Jüngern den Namen des Vaters verkündet, damit sie an der Liebe zwischen Vater und Sohn teilhaben könnten. Den Namen des Vaters verkündigen, bedeutet wörtlich, sein Wesen zu offenbaren. Jesu Absicht war, den Vater zu offenbaren, damit die Liebe des Vaters und des Sohnes auch in den Jüngern war.

Das Wirken des Heiligen Geistes besteht auch heute darin, das Wesen Gottes zu offenbaren, damit wir in die göttliche Liebesbeziehung eintreten können. Wenn du das Gefühl hast, die Liebe zu deinem himmlischen Vater sei nur schwach, dann bitte den Heiligen Geist, dir den Vater an jedem Tag und in jeder Situation mehr und vollständiger zu offenbaren. Wenn du dich danach sehnst, Gott kennenzulernen, dann wird er dafür sorgen, dass das geschieht! Und je besser du ihn kennenlernst, desto mehr wirst du ihn lieben. Seit ich seine Gnade besser verstehen lerne, hat sich mein Gottesbild verändert. Während ich Gott früher als einen sah, der meine Liebe einforderte, sehe ich ihn nun als jemanden, den ich gar nicht anders kann als lieben, je besser ich ihn kennenlerne. Denn er ist wirklich liebenswert!

Kapitel 10
Von der Pflicht zum Vergnügen

Die Gnade hat meine Sichtweise verändert. Einige Aspekte des Christseins sehe ich jetzt ganz anders. Zu wissen, dass ich keine bestimmten »Christenpflichten« erfüllen muss, hat mich dazu befreit, genau diese Dinge zu tun. Als gesetzlicher Mensch war ich dazu nie *frei*, weil ich mich *verpflichtet* fühlte. Selbst auferlegte Gesetze ließen mir keine andere Wahl. Ein System christlicher Regeln, das ich in die Bibel hineinlas, diktierte mein Verhalten.

Vielleicht wurdest auch du so geprägt, bestimmte Aspekte des christlichen Lebens als deine geistliche Pflicht anzusehen. Wenn du dich auf den Weg der Gnade begibst, wirst du erleben, wie die Gnade genau diese Pflichten zu einem Vorrecht und Vergnügen werden lässt. Je nachdem, woher wir kommen, hat jeder von uns seine eigenen Vorstellungen über die Pflichten, die zum Christsein gehören. Meine eigene Tradition forderte gute Leistungen in bestimmten Bereichen, die ich für integrale Bestandteile eines erfolgreichen christlichen Lebensstils hielt.

Leben nach der Bibel

Ich war noch ein Kind, als mir jemand eine Bibel schenkte, auf deren erster Seite geschrieben stand: »Dieses Buch hält dich von der Sünde fern, oder die Sünde hält dich von diesem Buch fern.« Das leuchtete mir ein. Allerdings stellte ich bald fest, dass es nicht ganz so einfach war. Ja, die Sünde hielt mich schon fern von diesem Buch, aber andersherum funktionierte es nicht wirklich.

Das Denken von Jungen im Teenager-Alter dreht sich ständig um zwei Dinge: Autos und Mädchen. An Autos zu denken macht ihnen eigentlich kaum Probleme, mit den Mädchen ist das ganz anders. Rasende Hormone und eine blühende Fantasie sind das Schicksal des Teens. In jener pubertären Phase las ich ein Buch, in dem erklärt wurde, wie man dem Teufel begegnet, wenn er einen versucht. Der Autor schlug vor, man solle die eigenen Schwächen herausfinden und sich dann auf Karteikarten Bibelverse notieren, die in jeder dieser Schwächen hilfreich sein könnten. Wenn dann der Teufel kommt, um einen in Versuchung zu führen, muss man nur noch das Schwert herausziehen und ihm den Kopf abschlagen.

Das tat ich denn auch. Ich steckte mir Karteikarten voller Bibelverse in die Hosentasche und war nun gerüstet für jede Falle, in die ich in meinem jugendlichen Leichtsinn tappen konnte. Eine bestimmte Karte war bald besonders abgegriffen und zerknitterter als alle anderen. Darauf stand der Vers aus 1 Petrus 2,11: »Geliebte, ich ermahne euch als Gäste und Fremdlinge: Enthaltet euch der fleischlichen Begierden, die gegen die Seele streiten.« Für einen Jungen in der Pubertät ist die ganze Welt ein einziges Mädchen. Wann immer meine Gedanken wieder einmal im Eros-Express davonrasten, zog ich meine Karte heraus und las sie mir laut vor, wie um die bösen Geister abzuwehren, die mich mit sich ziehen wollten. Aber die Lokomotive der Lust hielt einfach nicht an. Wenn dann der Zug in den Zielbahnhof eingelaufen war, überwältigten mich die Schuldgefühle.»Was bin ich für ein erbärmlicher Wicht«, dachte ich,»Gott wird mich niemals gebrauchen können.« Ich fragte mich oft, warum die Bibel in solchen Momenten nicht zu helfen schien.

Die Jahre vergingen und die Art der Versuchungen änderte sich, aber die Methode, mit ihnen umzugehen, behielt ich bei. Ich warf zwar die Karteikarten weg, war aber immer noch entschlossen, nach der Bibel zu leben. Erst nachdem ich begriff, was Gnade ist, ging mir auf: Es war nie Gottes Absicht, dass wir nach der Bibel leben. Wir leben durch *ihn*. Ich wollte meinen Lebensstil um die Lehren der Bibel herum aufbauen. Aber das war nichts anderes, als sich an ein *biblisches* Wertsystem zu halten. (Erinnerst du dich noch daran, was wir in Kapitel 8 besprochen haben? Gott will nicht, dass wir nach einem Wertsystem leben.)

Die Bibel *ist* eine Waffe gegen die Mächte der Finsternis. Allerdings können wir nicht dem Teufel Bibelverse vorsagen und erwarten, dass er vor Angst davonläuft. Satan hat selbst die Bibel zitiert, als er Jesus in der Wüste versuchte. Die Bibel ist eine Waffe gegen die Sünde, wenn wir sie in einer aufrichtigen Liebe zu Jesus verinnerlichen. Bibelverse auswendig zu lernen verschafft uns einen Vorrat an Munition, aber nur Liebe kann den Abzug betätigen. Kein Wunder, dass der Teufel nicht umfiel, als ich als Jugendlicher die Pistole auf ihn richtete und»Peng! Peng!«schrie. Gott musste mich noch einiges lehren über die Liebe zu ihm. Wenn du in jedem Augenblick in Christus bleibst, dann macht deine Liebe zu ihm dich fähig, in der Kraft seines Lebens in dir der Versuchung zu widerstehen. Wenn du aber nicht in ihm ruhst, hast du der Versuchung nichts weiter entgegenzusetzen als deine eigene Willenskraft. Und das wird ein sehr einseitiger Kampf!

Die Bibel kennenlernen

Es gibt noch eine weitere falsche Auffassung von der Bibel, die zurechtgerückt wird, wenn wir die Gnade verstehen. Wir wissen, es ist wichtig, den Inhalt der Bibel zu kennen. Aber warum? Ein leistungsorientierter Christ liest die Bibel häufig, um Informationen zu gewinnen. Doch ein solcher Zugang zum Bibelstudium ist im Allgemeinen nutzlos und kann sogar gefährlich sein. Wissen sammeln, nur um mehr über die Bibel zu wissen, ist tatsächlich schädlich. Paulus sagte es ganz deutlich: »Erkenntnis bläht auf.« Die heutigen Gemeinden sind voller Christen, die von einer Bibel-Konferenz zur nächsten jagen, um Erkenntnisse zu sammeln. Christliche Fernseh- und Radiosender florieren. Es gibt jede Menge Bibelkommentare und Hilfen im Internet. An Information zur Bibel mangelt es nicht. Und doch frage ich mich, ob es in der Gemeinde jemals mehr weltlich gesinnte Christen gab.

Ein gesetzlicher Zugang zur Bibel lässt uns auf ihren Seiten nach *Informationen* suchen; die Gnade sucht nach *Offenbarung*. Ich habe einmal von einer Gemeinde gehört, die nichts hielt von Pastoren mit Bibelschulausbildung. Der Pastor betete: »Herr, ich danke dir für meine Unwissenheit.« Ein Gemeindeglied fiel ein: »Herr, segne unseren Pastor. Er hat viel Grund zur Dankbarkeit.« Ich will gewiss nicht sagen, Unkenntnis der Bibel sei eine Tugend. Aber biblische Informationen ohne Offenbarung sind leere Religion!

Es ist möglich, über hervorragende theoretische Bibelkenntnisse zu verfügen und doch nicht Christi Leben zu haben. Man kann griechische Verben bestimmen und dabei Jesus selbst verpassen! Ich habe oft gehört, die Bibel sei wie ein Liebesbrief. Das ist ein guter Vergleich. Wenn unser Bibelstudium auf die Gnade ausgerichtet ist, dann weckt es in uns einen Hunger danach, Jesus besser kennen zu lernen und seine Stimme zu hören.

Ich nahm einmal an einer mehrtätigen Männerfreizeit teil. Am ersten Abend beim Zubettgehen fand ich zwischen Zahnbürste und Rasierer einen Liebesgruß von Melanie, den sie dort hineingesteckt hatte. Ich musste lächeln, als ich ihn las. Am nächsten Morgen fand ich ein anderes Zettelchen unter meinem Hemd. Am Abend wieder eines. Und so ging es weiter, Tag für Tag und mit jedem Tag wurden die Mitteilungen sentimentaler. Am letzten Tag schließlich fand ich einen Zettel in meiner Anzugtasche und der war der Hammer! Sie hatte von ihrem Parfüm darauf gesprüht. Was meinst du, welche Wirkung diese Zettelchen auf mich hatten? Was würdest du denken, wenn ich sage, ich hätte sie alle auf ein großes Blatt geklebt? Und als ich dann nach Hause kam, hätte ich meine Frau keines Blickes gewürdigt, wäre in mein Zimmer gegangen und hätte das Blatt an die Wand gehängt, damit ich von nun an jeden Tag die Zettelchen lesen konnte. Du würdest denken, ich sei verrückt! Die Briefe waren großartig, und sie dienten einzig und allein dazu, meine Gefühle und meine Bewunderung auf Melanie zu lenken.

Genau das tut der Heilige Geist, wenn wir uns der Bibel unter dem Blickwinkel der Gnade nähern. Er gebraucht das inspirierte Wort, um uns einen liebenden Gott zu offenbaren und in uns den Wunsch zu wecken, ihn näher, besser kennenzulernen. Gnade lässt die Bibel für uns persönlich werden und auch subjektiv das sein, was sie objektiv bereits ist: das inspirierte Wort Gottes an jeden Einzelnen von uns. Gesetzliche Menschen können den ganzen Tag darüber sprechen, dass die Bibel Gottes Wort ist, aber Gesetzlichkeit macht uns taub für die Stimme Gottes. Nur die Gnade kann Taube dazu bringen, Gott zu hören, wenn er durch sein Wort spricht. Ich habe immer geglaubt, dass die Bibel irrtumslos ist, aber jetzt weiß ich, sie ist viel mehr als das. Sie lebt, sie bringt das Leben Gottes zum Ausdruck!

Hast du heute schon Stille Zeit gemacht?

Ein anderer Lebensbereich, der sich seit dem Beginn meines Weges in der Gnade drastisch verändert hat, ist mein Gebetsleben. Einer der schwierigsten Aspekte meines Christseins, bevor ich Christus als mein Leben annahm, war das konsequente Einhalten einer »Zeit mit Gott«. Ich nannte das meine »stille Zeit«, und genau das war sie auch: still. Mitunter sogar so still, dass ich dabei einschlief! Gesetzlichkeit macht das Gebet zu einem langweiligen Monolog, während die Gnade es in ein angeregtes Gespräch verwandelt. Ist dein Gebetsleben geprägt von Routine und Wiederholung? Ich war erschrocken, als ich merkte, wie treffend diese Worte mein Gebetsleben beschrieben, und ich begriff, dass es genau die Art war, die auch die Pharisäer pflegten! Jetzt *spreche* ich keine Gebete mehr. Ich bete einfach.

Als unsere Tochter Amy noch klein war, brachten wir sie eines Abends zu Bett und wollten noch mir ihr »das Abendgebet sprechen«. Wir knieten neben ihrem Bett, und sie betete: »Jedes Tierlein hat sein Essen, jedes Blümlein trinkt von dir, hast auch unser ...« Sie stoppte, schaute auf und meinte: »Ich glaube, das war das falsche Gebet.« Genau. Das habe ich schon bei vielen Erwachsenen erlebt. Und auch bei mir. Dieselben Sätze, dieselbe Betonung, immer zur selben Zeit und immer an derselben Stelle. Ich erinnere mich noch an meine Kinderzeit, als die Leute immer »für die Jungs in Vietnam« beteten. Dann war der Krieg zu Ende und »die Jungs« kamen nach Hause. Doch da war einer in der Gemeinde, der betete immer noch »für die Jungs in Vietnam«. Ich fragte mich, ob ihm keiner gesagt hatte, dass der Krieg aus war.

Ich weiß, diese Beispiele sind übertrieben, aber sie zeigen etwas davon, wie leicht wir in die Routine verfallen, wenn unsere Gebete nur Pflichterfüllung sind und nicht aus einer intimen Beziehung zu Christus kommen. Die Gnade ändert unsere Vorstellung davon, was Beten eigentlich ist. Sie regt uns an zu einer beständigen Gebets-Beziehung im Gegensatz zu einer täglichen Gebets-Routine.

Wenn Sarah von der Arbeit nach Hause kommt, zieht sie tagtäglich dieselbe Routine durch. Sie begrüßt ihren Mann mit einem Küsschen auf die Wange. Dann lobt sie ihn irgendwie, oft mit den gleichen Worten. Als Nächstes bittet sie ihn, irgendetwas Bestimmtes zu tun, das sie an diesem Abend getan haben möchte. Dann spricht sie mit ihm über die Kinder und ihre Probleme und Bedürfnisse. Dieser Diskussion folgt immer ein Block, in dem sie ihn nach seiner Meinung fragt zu den Entscheidungen, die sie treffen muss. Sie hat sich zwar schon eine Meinung gebildet, aber sie möchte, dass er ihrer Entscheidung zustimmt. Schließlich dankt sie ihm für alles, was er für sie tut, und verspricht, ihr Bestes zu tun, um ihm eine gute Ehefrau zu sein. Genau diese Routine spult sie jeden Tag ab, auch wenn ihr Herz meistens nicht dabei ist. Sie braucht dafür etwa dreißig Minuten. Für den Rest des Abends nimmt sie ihren Mann praktisch nicht mehr wahr.

Was meinst du, was für eine Beziehung hat Sarah wohl zu ihrem Mann? Ich gebe zu, Sarah ist erfunden. Wenn eine Frau mit ihrem Mann wirklich so diszipliniert kommunizieren würde, würde sie in ihrer Ehe nur wenig Nähe und Vertrautheit erleben. Und doch ist dieses Szenario ein ziemlich präzises Abbild des Gebetslebens vieler Christen. Sie beten jeden Tag zur selben Zeit. Sie bauen ihr Gebetsleben um ein Schema herum, zu dem vier oder fünf Schritte gehören, die sie für erforderlich halten. Sie zwingen sich, die Routine einzuhalten, ob sie mit dem Herzen dabei sind oder nicht. Aber frage dich einmal ernsthaft: Ist das wirklich die Art Kommunikation, die Gott sich von seiner Braut wünscht?

Jetzt ist es anders. Beten ist immer noch eine Handlung, aber es ist viel mehr als das. Es ist eine Einstellung. Ein offener Austausch mit dem Vater in jedem Moment, in dem ich in Christus bleibe.

Bevor ich verstand, was Gnade ist, konnte man mein Gebetsleben als etwas bezeichnen, das ich *tat*, eine *Handlung*, die geschah, wenn ich mit Gott sprach. Jetzt ist es anders. Beten ist immer noch eine Handlung, aber es ist viel mehr als das. Es ist eine *Einstellung*. Ein offener Austausch mit dem Vater in jedem Moment, in dem ich in Christus bleibe. Das ist das Einzige, was mit der biblischen Ermahnung gemeint sein kann: »Betet ohne Unterlass.« Sollen wir den ganzen Tag herumlaufen und in jeder Sekunde in Worten mit Gott reden? Ohne Unterlass beten, das heißt tatsächlich, in jedem Moment mit Gott zu kommunizieren. Manchmal braucht es Worte dazu, manchmal auch nicht.

Unsere Kinder sagen, Melanie und ich würden manchmal ohne Worte miteinander sprechen. Sie haben recht. Sie finden, manchmal würden wir sogar unsere Gedanken lesen. Das ist nicht ganz verkehrt. Wir sind seit über dreißig Jahren verheiratet, und wir kennen einander *wirklich* ziemlich gut. Manchmal brauchen wir nichts zu sagen, ein flüchtiger Blick genügt. Schweigen kann Bände sprechen. Ich kann es gut aushalten, wenn Melanie nichts sagt, es sei denn, ich spüre, dass es einen *Grund* dafür gibt. Dann will ich wissen, warum, und die Sache in Ordnung bringen. Ansonsten ist Schweigen etwas Angenehmes.

Als wir als Teenager die ersten Male miteinander ausgingen, hatte ich das Bedürfnis, ununterbrochen zu reden; aber jetzt sind wir so vertraut miteinander, dass das nicht mehr nötig ist. Natürlich reden wir miteinander und zwar oft und gern. Halten wir uns dreißig Minuten am Tag frei für unsere »stille Zeit«, um miteinander zu reden? Ich kann mir nicht vorstellen, dass wir uns für eine halbe Stunde, die wir extra dafür reserviert haben, hinsetzen und sagen: »Also gut, lass uns miteinander reden. Ich fange an.« Wie peinlich, wie gezwungen und unnatürlich. Viel lieber brülle ich Richtung Küche: »Hey, hör dir das an«, wenn ich ihr etwas aus der Ratgeberspalte vorlesen oder kurz mitteilen will, was ich gerade in den Nachrichten erfahren habe. Und es ist mir auch viel lieber, wenn Melanie mir einfach spontan sagt, was sie denkt, als dass sie mit einer Tagesordnung kommt, die sie sich vorher überlegt hat.

Ich will nicht sagen, es wäre verkehrt, sich eine bestimmte Zeit fürs Beten zu reservieren, wenn du das so *machen möchtest*. Ich sage nur, eine strikt eingehaltene Stille Zeit ohne echtes Leben ist sinnlos. Wenn du auf dem Weg der Gnade vorwärts gehst, wird das Beten für dich mehr und mehr zu einem Lebensstil als zu einer geistlichen Übung. Du ertappst dich dabei, wie du ein Dutzend Mal am Tag mit deinem Vater redest und nicht nur während einer festgesetzten Gebetszeit. Du redest mit ihm über Wichtiges und über Kleinigkeiten. Jemand hat einmal gesagt, er mache sich nicht die Mühe, mit Gott über Kleinigkeiten zu reden, denn Gott sei doch so beschäftigt. Aber halten wir uns doch vor Augen: *Für Gott ist alles eine Kleinigkeit!* Er muss seine Kraft nicht für große Projekte aufsparen. Er ist allmächtig! Du wirst ihn nicht schwach machen. Wenn er weiß, wie viele Haare du auf dem Kopf hast, dann interessiert ihn auch jede andere Kleinigkeit in deinem Leben, ganz gleich, wie belanglos sie dir scheinen mag.

Gottes Stimme hören

Ein anderer Aspekt des Gebets im Lebensstil der Gnade ist, dass Gott antwortet. In der Bibel sprach Gott zu den Menschen auf vielerlei Art und Weise. Ich habe keine Ahnung, wie er zu dir spricht. Aber er *wird* sprechen, wenn du in einer von der Gnade geprägten Beziehung mit ihm lebst und aufhörst, ihm deine frommen Leistungen zu bringen. Gott hat nie hörbar zu mir gesprochen, aber manchmal war seine Stimme noch viel lauter als das. Rechnest du damit, dass Gott zu dir spricht, wenn du betest und sein Wort liest? Viele heutige Christen erwarten gar nicht, persönlich Gottes Stimme zu hören. Sie rechnen eher damit, dass er schweigt. Jack Taylor schreibt dazu:

> *Über uns schwebt die Irrlehre, Gott sei früher **beredt** und **aktiv** gewesen, jetzt aber **stumm** und **unbeweglich**. Man meint, weil er uns ja sein Buch gegeben hat, müsse er nicht mehr länger mit seiner Welt im Gespräch sein.*
>
> *Klingt das etwas weit hergeholt? Weißt du nicht, dass große Teile der Gemeinde heute dieser geistlichen Weltanschauung folgen und von ihr geprägt sind?*

Du sagst: »*Ich kenne keinen, der das behauptet.*« *Das mag wohl sein, aber viele Gläubige leben nahe an der Grenze zu dieser Irrlehre.*

Es scheint, als sei sie aufgetaucht, kurz nachdem der biblische Kanon fertig gestellt war. »*Die Bibel ist Gottes Wort*«*, wurde argumentiert.* »*Gott hat gesagt, was er zu sagen hatte, und jetzt ist es gut. Was er gesagt hat, ist vollkommen und vollständig. Wir haben alle Offenbarung, die wir brauchen.*« *Und diese stillschweigende Annahme (dass Gott aufgehört hat zu reden) wabert bis heute größtenteils unbestritten durch die Gemeinden.*[21]

Die Bibel-Konkordanz in meinem Computer sagt, dass in der Bibel 577 Mal »so spricht der Herr« steht und 143 Mal »der Herr sagte«. Das sind insgesamt 720 Mal, dass Gott direkt sprach. Hörst du seine Stimme? Jesus sagte, seine Schafe kennen seine Stimme. Aber einige Christen rechnen gar nicht mehr mit ihr, nachdem sie erst einmal erlöst sind.

Gott möchte mit seinen Kindern Gemeinschaft haben und ständig im Gespräch bleiben. Die Gnade öffnet uns die Ohren, damit wir ihn in einer Weise hören, wie es die Gesetzlichkeit nie zulassen würde. Als gesetzlicher Mensch konzentrierte ich mich darauf zu erkennen, was Gott von mir wollte. Auf dem Weg der Gnade wächst in mir der Wunsch, Gott zu kennen – Punkt. Und seit ich ihn immer besser kennenlerne, erkenne ich auch ohne die Kämpfe, die meinen leistungsorientierten Lebensstils früher prägten, immer besser, was er von mir will. Gottes Wille ist nicht in erster Linie ein *Weg*, sondern eine *Person* namens Jesus Chris-

---
21 Jack Taylor, *The Word of God with Power*, 17-18.

tus. Wenn wir in ihm bleiben, ist es uns *unmöglich,* den Willen Gottes zu verpassen, weil er selbst in jedem Augenblick sein Leben durch uns zum Ausdruck bringt.

Wenn ein Christ in Christus bleibt, kann er davon ausgehen, dass sein Denken und Handeln vom Heiligen Geist in ihm gelenkt werden. Es gibt wohl kaum jemanden, der mehr von Gott gebraucht wurde als der Apostel Paulus. Wir finden allerdings keinerlei Hinweis darauf, dass er seine Zeit damit verbrachte, sich den Kopf zu zerbrechen, wo er hingehen und was er dort tun sollte. Er strengte sich nicht an, den Willen Gottes zu erkennen, er *tat* ihn ganz einfach Tag für Tag. Seine Haltung sehen wir in 1. Korinther 2,16, wo er sagt: »Wir aber haben den Sinn des Christus.« Er tat, was ihm ganz natürlich vor die Hände kam.

Inzwischen sollte klar sein, dass es für Heilige ganz natürlich ist, Gott durch ihren Lebensstil zu verherrlichen. Wenn wir in Christus bleiben, dann bringt er in jedem Augenblick sein Leben durch uns zum Ausdruck. Satan will uns glauben machen, es sei ganz leicht, aus dem Willen Gottes herauszufallen. Doch wenn wir in Christus bleiben, dann ist das gar nicht möglich. Wie können wir aus Gottes Willen fallen, wenn Christus jeden Augenblick sein Leben durch uns lebt? Andererseits kann unser Handeln bei Gott aber auch keinen Wert haben, wenn wir nicht in Christus bleiben. Wie könnte es, wenn wir statt aus dem Glauben aus dem Fleisch heraus handeln?

Jim zerbrach sich den Kopf darüber, ob er die angebotene Stelle annehmen sollte oder nicht. »Ich will nichts Falsches tun«, sagte er. So erklärte ich ihm anhand der Bibel, dass er die Gesinnung Christi in sich hatte. Wenn er in Christus ruhte, konnte er darauf vertrauen, dass seine Gedanken von Christus kommen. »Wenn das stimmt, dann fällt mir eine Zentnerlast von den Schultern!«, erwiderte er. Und Jim begriff tatsächlich, dass es *stimmt!* Es war spannend, das mitzuerleben. Wenn Gläubige in Christus bleiben, können sie im Vertrauen darauf handeln, dass der Heilige Geist all ihr Denken und Tun leiten wird. Wir sollten Gott mindestens so viele Führungsqualitäten zugestehen, wie wir dem Teufel Verführungskünste einräumen!

Die Gnade entbindet uns von der Verantwortung, den Willen Gottes zu erkennen, und legt sie auf ihn. Das ist befreiend. Unter dem Gesetz muss man den Willen Gottes *herausfinden*. Auf dem Weg der Gnade wird der Wille Gottes dem Gläubigen durch den Heiligen Geist *offenbart* und seine einzige Aufgabe ist es, in Christus zu ruhen. Gott spricht heute noch zu uns, um uns seinen Willen zu zeigen. Gelegentlich redet er so, dass wir es beinahe hören können, aber wir sollten die unzähligen Male nicht missachten, in denen er einfach durch unsere Gedanken zu uns redet. Wenn wir nur beten, um von Gott Informationen zu erlangen, damit wir die richtige Entscheidung treffen können, dann ist unser Gebetsleben eine Quelle der Enttäuschung. Wenn es uns aber darum geht, echte Gemeinschaft mit Gott zu erleben, dann wird uns auch deutlich, wie wir uns entscheiden sollen. Die Gnade ermöglicht es dem Glaubenden, der in Christus bleibt, im Vertrauen darauf zu handeln, dass ein allmächtiger Gott unser Leben regiert, dass sein übernatürlicher Geist in uns unsere Gedanken leitet und ein allwissender Christus sein Leben durch uns zum Ausdruck bringt. Es ist einfach unsinnig, sich vor einer falschen Entscheidung zu fürchten, wenn wir solche mächtigen Unterstützer auf unserer Seite haben!

Als ich noch gesetzlich war, bedeuteten Bibellesen und Beten für mich *Disziplin*. Mein Wörterbuch bietet mir für Disziplin Folgendes zur Auswahl an:»Züchtigung, Kontrolle, Ordnung oder Beschränkung.« Kein Wunder, dass es mir schwer fiel durchzuhalten! Die Gnade aber hat mir all das *zur reinen Freude* gemacht. Dasselbe Wörterbuch nennt als Synonyme für Vergnügen: »Genuss, Spaß, Glück und Freude.« Wie möchtest du lieber beten und die Bibel lesen? Unter dem Gesetz oder unter der Gnade?

Wie mein Bibellesen und mein Beten aussehen, hängt ganz von meiner Gottesbeziehung ab. Die Gnade hat diese vertikale Beziehung drastisch verändert, aber das ist noch nicht alles. Wenn wir lernen, auf dem Weg der Gnade zu gehen, wirkt sich das auch auf unsere Beziehungen zu anderen Menschen aus. Wenn ein Christ lernt, Gott durch die Gnade zu begegnen, wird er auch anderen in Gnade gegenübertreten und macht es damit möglich, in einer Art und Weise Liebe zu geben und empfangen, die man nur als übernatürlich bezeichnen kann.

Kapitel 11
Menschen brauchen Menschen

Christus ist mein Leben. Dies ist die begeisterndste geistliche Wahrheit, die ich jemals begriffen habe. Aber Gott hat uns dieses ausgetauschte Leben nicht nur deshalb offenbart, damit wir uns am Leben in der Gnade freuen. Sein oberstes Ziel ist, dass er selbst durch Menschen, die in ihm bleiben, in dieser Welt sichtbar wird. Seinem Leben durch die Gläubigen Ausdruck zu verleihen, das ist seine eigentliche Absicht. Und indem wir seinen göttlichen Plan erfüllen, finden wir die größte Befriedigung.

Wenn du einen Sohn hättest, an dem du unsagbaren Gefallen hast, wäre es für dich als Vater dann nicht normal, noch mehr solcher Söhne haben zu wollen? Genauso verhält es sich mit dem ewigen Vater, der sich aufgrund seines Wesens und ganz bewusst eine riesige Familie menschlich-

göttlicher Söhne wünscht, die genauso sind wie sein eigener, einziger Sohn.

Wenn wir die Sache weiter mit seinem Herzen betrachten, wird offensichtlich, dass der Vater alle Pläne im Hinblick auf seinen ewigen Sohn trifft, damit Jesus in den künftigen Zeitaltern einen herrlichen Leib hat, in dem er selbst seinem Leben Ausdruck verleihen, und eine Familie von Brüdern, mit denen er Gemeinschaft haben kann.

Und wenn wir dann die geheimsten Wünsche des Sohnes verstehen, sehen wir, wie er wiederum alles daransetzt, dem Vater bei der Umsetzung seiner Pläne zu helfen, damit er, der Vater, eine Familie von Söhnen hat, durch die ihm väterliche Ehre, Herrlichkeit, Wohlgefallen und Freude zuteil wird. Der Vater plant für seinen Sohn, und der Sohn lebt für den Vater.

*So verhält es sich mit der Gottheit. In gewissem Sinne lebt keiner von ihnen **für sich selbst**, sondern jeder für den anderen. Der Vater will, dass in allen Dingen der Sohn den Vorrang hat. Der Sohn lebt, um den Vater zu offenbaren und ihm damit Ehre und Freude zu bereiten. Genauso redet der Geist nicht von sich selbst (und auch nicht für sich selbst), sondern richtet sein ganzes Wirken darauf aus, den Sohn zu offenbaren und beide, den Vater und den Sohn, zu vergegenwärtigen.*[22]

In der Art, wie Vater, Sohn und Heiliger Geist miteinander umgehen, erkennen wir das Lebensmuster der Gläubigen. Jeder ist

---

22 DeVern F. Fromke, *The Ultimate Intention*, 55-56.

bestrebt, dem anderen zu dienen. Genauso sollte es in der Gemeinde Jesu auf Erden sein. Ein rein nach innen gekehrtes Christentum gibt es nicht. Leere Frömmigkeit bemüht sich um Selbsterhaltung und *Sammlung*. Neutestamentliches Christentum dagegen *ergießt sich* in den Dienst an anderen. Es geht letztlich nicht darum, was in *uns* persönlich geschieht, wenn wir Christus durch uns leben lassen. Persönliche Erfüllung ist nur eine wunderbare Nebenwirkung seines Lebens in uns. Sein höchstes Ziel jedoch ist, einer bedürftigen Welt durch den Dienst der Liebe sein Leben zu bringen.

Eine gesetzliche Frömmigkeit verspricht zwar Freiheit, aber tatsächlich macht sie den, der ihr in die Falle geht, zum Gefangenen von Regeln. Die Gnade lässt den Christen einfach in Christus ruhen und erlaubt ihm, sich anderen im Alltag auf ganz natürliche Weise zu offenbaren. Frömmigkeit stellt die fromme Leistung in den Mittelpunkt. Für die Gnade ist der Mensch oberste Priorität. Sie macht uns frei, von uns selbst wegzusehen und uns in andere zu investieren. Sie befreit zum Dienst, der durch das Leben motiviert ist, nicht durchs Gesetz. Das Gesetz *besteht* auf dem Dienen. Die Gnade *regt* uns dazu *an*.

Seit ich begonnen habe, Christus als mein Leben zu begreifen, gehe ich anders mit Menschen um. Wenn du den Weg der Gnade gehst, wirst du das vielleicht auch bei dir feststellen. Jesus liebte die Menschen, als er vor zweitausend Jahren auf der Erde lebte. Das tut er immer noch. Und wenn du in ihm ruhst, wird diese Liebe auch durch dich zum Ausdruck kommen.

Evangelisation unter der Gnade

Es war für mich absolut befreiend, Evangelisation auf einmal unter dem Aspekt der Gnade zu sehen. Seit ich erfahren habe, wie wunderbar es ist, in Jesus zu ruhen, hat sich mein Zugang zur Verkündigung in verschiedener Hinsicht spürbar verändert.

Gnade lässt uns den Menschen sehen und nicht einen Kandidaten für unsere Missionsbemühungen. Worte können ganz unterschiedliche Bedeutungen haben, je nachdem, wer sie hört. Der Begriff »Kandidat« jedenfalls ist im Blick auf die Evangelisation in meinem Wortschatz nicht mehr zu finden. Als gesetzlicher Mensch habe ich Menschen eingeteilt in »Kandidaten für die Errettung« oder »potenzielle Gemeindeglieder«. Ich weiß, es sind nur Worte, aber in meinen Augen entwürdigen sie den Menschen. Ich will dich jetzt nicht überreden, auch deinen Wortschatz zu ändern, sondern nur den Unterschied aufzeigen zwischen den beiden Möglichkeiten, wie man noch nicht erlöste Menschen sehen kann. Wenn Nichtchristen nur »Kandidaten« für unsere Missionsbemühungen sind, dann ist das Evangelisieren nichts anderes als ein Mittel zum Zweck, um unsere Gemeinde zu bauen. Wer unter der Gnade evangelisiert, sieht in Ungläubigen Menschen, die hungrig sind nach der Liebe Christi.

Im Extremfall kann Evangelisation unter dem Gesetz geradezu weltlich werden. Mit Mitte zwanzig legte ich besonderen Wert auf Bekenntnis und Taufe. Wir sprachen davon, Menschen zu erreichen, aber im Rückblick frage ich mich, wie viele Menschen eine Gemeinde tatsächlich erreicht, wenn sie zur vorderen Tür hereinkommen, ins Taufbecken steigen und die Gemeinde durch die Hintertür wieder verlassen, und das alles innerhalb weniger Monate? Ich schloss mit einem jungen Pastorenkollegen eine

Wette ab, wessen Gemeinde in den nächsten zwölf Wochen mehr Leute taufen würde. (Es war uns wirklich ernst damit! Ich vermute, dass ich nicht der erste bin, der einen derartigen Unsinn gemacht hat.) Zwölf Wochen lang drängte ich die Menschen, sich taufen zu lassen, als stünde der Weltuntergang unmittelbar bevor. Ich taufte jeden, der mir nur das Lebensübergabegebet nachsprach. Wir tauften Kinder aus sozial schwachen Familien wie auf dem heiligen Fließband. Wir tauften auch einige Erwachsene. Ich erwog, die beleibteren unter ihnen als zwei gelten zu lassen oder sie zwei Mal unterzutauchen. Das ist jetzt natürlich nicht ernst gemeint, aber es ist mir peinlich, an diese Zeit zurückzudenken. Meine Erfahrung ist nicht unbedingt die Norm, aber die Einstellung, um jeden Preis möglichst viele oder doch eine festgesetzte Anzahl von Menschen zu erreichen, ist doch recht verbreitet.

Inzwischen bin ich überzeugt davon, dass Menschen in unsere Gemeinden kommen und sie wieder verlassen, *weil wir sie nicht als Menschen angenommen haben*. Sie haben es nur auf unsere Kandidatenliste geschafft. Wenn sie keine Kandidaten für die Erlösung oder potenzielle Gemeindeglieder mehr sind, werden sie zu potenziellen Hauskreisleitern, Chorsängern, Diakonen oder Ältesten. Die Gnade räumt mit diesem Denken auf. Auf dem Weg der Gnade sehen wir Menschen im Licht von Beziehungen, nicht als Material.

Gnade lässt das Evangelisieren von einem frommen Job zu wahrer Freude werden. Sheree und ich sprachen über Evangelisation. Sheree sagte: »Zum ersten Mal, seit ich Christ bin, möchte ich Menschen vom Herrn erzählen. Bevor ich verstanden habe, was Gnade ist, hatte ich keinerlei Motivation. Ich hatte ein schlechtes Gewissen deswegen, denn ich wusste, dass ich es tun sollte; aber ich *wollte* kein Zeugnis geben.« Sheree hat ihre Meinung aus zweierlei Gründen geändert.

Zunächst war es ihr ganz einfach schwergefallen, Zeugnis zu geben. Jeder evangelikale Christ kennt das. Bei Evangelikalen wie Fundamentalisten ist es förmlich ein Gesetz, dass wir evangelisieren müssen. Doch wir haben es schon erwähnt: Das Gesetz reizt den Menschen dazu, genau das Gegenteil von dem zu tun, was es verlangt. Als Sheree begriff, dass sie nicht dazu verpflichtet ist, Zeugnis zu geben, wurde sie frei und tut es nun, weil sie es möchte.

Zweitens konnte sie sich nicht dafür begeistern, Menschen zu einem Lebensstil aufzurufen, der nur leistungsorientiert und kräftezehrend ist. Doch als sie entdeckte, was Gnade für den Christen bedeutet, war ihr klar: Diese Art zu leben ist es wert, anderen angeboten zu werden, denn sie ist belebend und begeisternd. Jetzt will sie Christus erlauben, seinem Leben in ihrem Alltag Ausdruck zu verleihen. Das ist ihre Motivation. Von Jesus zu erzählen ist für sie jetzt ganz natürlich und nicht erzwungen.

In der frühen Kirche war die Verkündigung des Evangeliums ein ständiger und spontaner Ausdruck des Lebens Christi in den Gläubigen. Die Gemeinde des einundzwanzigsten Jahrhunderts mag die Bedeutung effektiver Evangelisationsprogramme noch so sehr betonen, die Urgemeinde hatte solche Konzepte nicht. Evangelisation war für diese Christen kein Programm, es war eine Lebensweise. Ein Christ, der die gute Nachricht nicht weitersagte, wäre wie ein Bauer gewesen, der nicht sät, oder ein Soldat, der nicht kämpft. Keiner musste die Gemeinde in Jerusalem zum Zeugnisgeben motivieren. Im Gegenteil, sie war nicht zu stoppen!

Als Petrus und Johannes wegen ihres Predigens und Lehrens verhaftet wurden, brachte man sie vor den Hohen Rat. Dort wurden sie ernsthaft bedroht und verwarnt, nicht mehr im Namen Jesu zu predigen.»Aber Petrus und Johannes antworteten ihnen und sprachen: Entscheidet ihr selbst, ob es vor Gott recht ist, euch mehr zu gehorchen als Gott! Denn es ist uns unmöglich, nicht von dem zu reden, was wir gesehen und gehört haben!« (Apg 4,19-20).

Wenn Leute vor Verlangen brennen, kann sie keiner aufhalten! Die Gnade entfacht den Wunsch, das Evangelium zu bezeugen. Sie entflammt ein Mitleid mit den Verlorenen und motiviert den Christen, ganz natürlich, aber mit übernatürlicher Kraft Zeugnis zu geben. Eine Verkündigung des Evangeliums, die auf der Gnade gründet, ist nichts anderes als eine Begeisterung für Jesus, die ansteckend wirkt.

Gnade motiviert dazu, von einer Person zu reden, nicht von einem Plan. Als ich noch ein gesetzlicher Christ war, war ich darauf bedacht, den Verlorenen den »Heilsweg« zu erklären. Ich begann mit der Frage: »Wenn Sie heute sterben müssten, wissen Sie, wo Sie die Ewigkeit zubringen würden?« Wenn mein Gegenüber nicht auf Anhieb die richtige Antwort lieferte, erläuterte ich ihm anhand der Bibel einen Vier-Punkte-Plan. Zum Schluss forderte ich dazu auf, eine Entscheidung für Jesus zu treffen.

Bitte verstehe mich nicht falsch. Es ist wichtig, Ungläubigen das Wort Gottes zu sagen und ihnen von Jesus zu erzählen. Ich weiß, dass der Glaube aus dem Hören des Wortes Gottes kommt. Auf gar keinen Fall will ich die Rolle der Bibel in der Evangelisation herunterspielen. Und doch ist es möglich, den »Heilsweg« zu erklären, ohne unserem Gesprächspartner klar zu machen, dass wir ihn eigentlich mit der Person Christus bekannt machen wollen. Ziel aller Verkündigung ist es aber nicht, Entscheidungen *für* Christus zu erzielen, sondern Menschen *zu* Christus zu führen.

Sinnvolle Evangelisation lässt den Menschen nicht mit dem *Wissen* stehen, dass er jetzt Christ ist. Wenn unsere Verkündigung echt ist, ist er anschließend *verliebt*, verliebt in eine Person namens Jesus. Er beginnt zu begreifen, dass die Beziehung zu Christus seine Identität verändert hat. Woher weiß ein Neubekehrter, dass er jetzt wirklich errettet ist? Wenn er sich aufgrund eines Heilsweges bekehrt hat, der mit seiner Entscheidung *endete*, ist die einzige Basis für seine Gewissheit die Erinnerung an den Augenblick der Entscheidung. Hat man ihm aber bewusst gemacht, dass er in eine ewige Beziehung zu dem lebendigen Christus eintritt, dann ist er sich seiner Erlösung gewiss, weil er *jetzt Christus kennt*.

Ich bin überzeugt, selbst wenn ich morgen früh mit Gedächtnisschwund aufwachen würde, wüsste ich dennoch, dass ich Christ bin, weil ich weiß, dass Christus in mir ist. Ich bin froh, dass ich mich noch an den Tag erinnere, an dem ich als Achtjähriger mein Leben Christus anvertraute. Meine größte Freude ist es aber, genau jetzt, in diesem Moment, die Gegenwart Gottes durch Christus zu erleben! Es ist kein Wunder, dass manche Christen keine große Freude an ihrem Glauben haben. Es ist schwierig, sich ständig über etwas zu begeistern, das Jahre zurückliegt. Ganz und gar nicht schwer ist es dagegen, sich an der täglichen vertrauten Liebes-Beziehung mit dem Gott des Universums zu freuen. Die Gnade betont unsere Beziehung zu einer Person und nicht unsere Reaktion auf einen bestimmten Plan.

Evangelisation unter der Gnade bietet Leben an und nicht bloß Vergebung. Die meisten modernen Evangelisations-Methoden betonen, wie wichtig es ist, Vergebung der Sünden zu erlangen, damit wir nach dem Tod in den Himmel kommen. Aber das ist nicht Gottes Hauptanliegen bei der Erlösung. Wenn er sich uns zuwendet, dann deshalb, weil er uns Anteil an seinem Leben schenken will. Vergebung macht den Weg frei, damit wir in den Himmel kommen können. Doch Vergebung allein ist nicht imstande, uns heute zu neuen Menschen zu machen. In seiner Barmherzigkeit schenkt Gott uns Vergebung, aber die Gnade gibt uns noch viel mehr.

Vor einigen Jahren las ich den Bericht von Elizabeth Elliot. Ihr Mann Jim war Missionar und wurde von Indianern aus dem Stamm der Auca brutal ermordet. Mit vier anderen jungen Missionaren hatte er sich bemüht, das Vertrauen der Wilden zu gewinnen, um ihnen schließlich das Evangelium bringen zu können. Doch trotz aller Liebe wurden sie kaltblütig ermordet. Dass Elizabeth Elliot den Männern, die am Tod ihres Mannes Anteil hatten, vergeben hat, kann man nur als göttliche Antwort auf die Unmenschlichkeit des Menschen bezeichnen. Diesen Menschen zu vergeben heißt, ihnen Barmherzigkeit zu erweisen. Doch Elizabeths Antwort auf den Horror ging weit über das hinaus, was man als Barmherzigkeit bezeichnen kann. Sie zog in das Indianerdorf zu genau den Menschen, die ihr den Mann genommen hatten, und streckte ihnen die Hand der Vergebung entgegen. Ja, sie suchte sogar den Mann auf, der ihren Mann getötet hatte, und erwies ihm *Liebe*. Ich habe ein Foto gesehen, auf dem Elizabeth dem Mann, der Jim Elliot ermordet hat, die Haare schneidet. *Das* ist Gnade! Barmherzigkeit verschont uns vor dem, was wir *verdient* hätten – Gerechtigkeit. Die Gnade geht weit darüber hinaus. Sie schenkt uns, was wir *nicht verdienen* – überschwängliche Freundlichkeit.

Christus starb für unsere Sünde; Gott bietet denen Vergebung an, die sie annehmen. Das ist wunderbar. Wir werden nie wieder für unsere Sünde zur Rechenschaft gezogen, weil Christus den Zorn Gottes über die Sünde auf sich genommen hat. *Das ist Barmherzigkeit.* Durch Christus bietet Gott uns Leben an, Leben voller Freude, Leben im Überfluss, begeisterndes, göttliches, ewiges Leben! *Das ist Gnade!* Eine Verkündigung, die nur die Möglichkeit der Vergebung präsentiert, greift zu kurz. Gott bietet uns viel mehr! Vergebung ist zwar ein notwendiger, aber untergeordneter Schritt hin zum größeren Ziel, das darin besteht, göttliches Leben zu empfangen und zu leben! Eine Verkündigung, die auf der Gnade basiert, wird nicht dabei stehen bleiben, die Erlösung nur um der Vergebung willen zu erklären.

Die Erlösung ist so gewaltig und wunderbar, dass sie wohl einen breiten Raum in unserem Denken einnehmen soll; aber Gott will uns sagen, dass wir die Erlösung nicht alles sein lassen sollen, als ob der Mensch geschaffen worden sei, um erlöst zu werden. Der Sündenfall ist wahrhaftig ein tragisches Abgleiten und die Erlösung eine herrliche Wiederbringung, durch die unsere Sünden ausgelöscht und wir wiederhergestellt werden. Aber nach dem allen bleibt noch das große Werk zu erfüllen, damit wir in den Besitz dessen kommen, was Adam nie besaß, und Gott zu geben, wonach er sich sehnt. Denn Gott hat seinen Plan nie aufgegeben.

Der Gläubige neigt dazu, Gottes **Werk der Erlösung** *mehr Bedeutung beizumessen als seiner* **Umsetzung.** *Wir müssen aber unbedingt jedem seinen richtigen Stellenwert zumessen. Wegen der pervertierten Neigung des Menschen, sich nur um sich selbst zu drehen, hält er für wichtiger,* **was Gott für ihn tut,** *als* **was er für Gott sein soll.** *Diese Lektion stellt uns beide Aspekte des Werkes Gottes vor Augen: 1. Durch* *das Kreuz wurde das Werk des Teufels zerstört; Erlösung und Befreiung von der Knechtschaft der Sünde und den Folgen des Sündenfall sind jetzt möglich. 2. Durch das Kreuz steht alles zur Verfügung, was der Mensch benötigt, um wieder so zu leben, wie es des Vaters ursprüngliche Absicht war.*[23]

Gottes ursprüngliche Absicht ist es, seinem Leben durch uns Ausdruck zu verleihen. Je mehr ich begriff, was Gnade ist, desto mehr wuchs in mir der Wunsch, Menschen, die noch nicht errettet sind, von seinem Leben zu erzählen. Ich erkläre ihnen, *dass Gott ihnen durch Christus ihre Sünden vergibt, damit er ihnen sein Leben geben kann.* Zu viele Namenschristen ertragen ein weltliches Leben, weil ihre Vorstellung von einem Leben als Christ sich darum dreht, Vergebung zu erhalten und in den Himmel zu kommen. Was würde geschehen, wenn die Gemeinde unserer Tage wirklich begreifen würde, dass Christus in ihr lebt und sein Leben durch sie zum Ausdruck bringen will? Die Gemeinde, die in der Apostelgeschichte geschildert wird, betonte diese Wahrheit in ihrer Verkündigung, und schon nach kurzer Zeit hatte die ganze damals bekannte Welt von Jesus von Nazareth gehört. Die heutige Art der Evangelisation spricht zwar weiter von der Vergebung, aber im Allgemeinen ignoriert sie den Aspekt, dass wir bei der Erlösung göttliches Leben empfangen. Die Folgen dieses Versäumnisses werden deutlich, wenn wir den evangelistischen Eifer ersten Christen mit dem der heutigen Gemeinde vergleichen.

---

23 Watchman Nee, *Das normale Christenleben,* 187, und: Fromke, 72-73.

Gnade und die Gemeinde

In meinem Büro hängt ein Bild, das mich einfach fasziniert. Es ist eine Computergrafik, in der verschiedene Farbtöne mit dunklen Linien verschmelzen. Es sieht aus, als hätte man einen großen Reifen in viele verschiedene Farben getaucht und dann über eine Leinwand gerollt. Farbe und Muster sind von ästhetischer Schönheit, auch wenn der flüchtige Betrachter keine Absicht darin erkennen kann. Auf der Rückseite steht der Titel: »Die Majestät der Natur.« Faszinierend an diesem Druck ist das dreidimensionale Bild, das sich durch die Farben und Linien ergibt. Als ich das Poster im Laden sah, konnte ich nichts Sinnvolles darin entdecken. Die Verkäuferin meinte, ich sollte im Glas über dem Kunstdruck mein Spiegelbild betrachten, dann würde ich auch das versteckte Bild erkennen. Wenn ich auf mein Spiegelbild starrte, erklärte sie, würde sich der wahrgenommene Abstand verdoppeln und dann würde das dreidimensionale Bild hervortreten. Eine ganze Weile stand ich da und fragte mich bereits, ob mich da jemand auf den Arm nehmen wollte, als plötzlich das Bild auftauchte, wie sie es gesagt hatte. In der Mitte sieht man einen großen Adler mit ausgebreiteten Flügeln. Mit einem Fisch in den Klauen schwebt er auf ein Nest hinunter, in dem zwei Adlerjunge begierig die Hälse recken. Wenn man das Bild erst einmal sieht, ist es absolut klar. Einige meiner Freunde haben lange darauf gestarrt und können es immer noch nicht sehen. Andere schauen zunächst etwas verstört, doch dann breitet sich auf ihrem Gesicht ein staunendes Lächeln aus, wenn der Adler sich zeigt.

Das Bild illustriert, was die Gnade mit meiner Vorstellung von Gemeinde gemacht hat. Von Kindheit an war ich in den Mauern, wo sich die Gemeinde versammelt. Ich kenne ihre Farben und

Linien schon lange. Doch durch die Gnade ist die Gemeinde für mich von einem zweidimensionalen Druck zu einem dreidimensionalen Kunstwerk geworden. Die wahre Schönheit der Gemeinde erschloss sich mir erst, als ich begann, auf das Spiegelbild Jesu in seiner Gemeinde zu sehen. Ehe ich den Weg der Gnade einschlug, hatte ich zwar auch ein gewisses Maß an Schönheit wahrgenommen, aber sie war flach im Vergleich zu dem dreidimensionalen Kunstwerk Gottes, das sich vor meinen Augen auftat, als ich begriff, dass Christus das Leben ist.

Gottes Gemeinde – ein Schaufenster der Gnade

Die Gemeinde ist mehr als eine Gruppe von Menschen, die alle wiedergeboren sind. Die Gemeinde besteht aus Trophäen von Gottes Gnade. In dieser Welt und für alle Zeiten ist jeder Christ ein Zeugnis für die liebevolle Gnade des Vaters. Der Apostel Paulus sagte:

> *Doch Gott ist so barmherzig und liebte uns so sehr, dass er uns, die wir durch unsere Sünden tot waren, mit Christus neues Leben schenkte, als er ihn von den Toten auferweckte. Nur durch die Gnade Gottes seid ihr gerettet worden! Denn er hat uns zusammen mit Christus von den Toten auferweckt und wir gehören nun mit Jesus zu seinem himmlischen Reich. So wird er für alle Zeiten an uns seine Güte und den Reichtum seiner Gnade sichtbar machen, die sich in allem zeigt, was er durch Christus Jesus für uns getan hat. (Eph 2,4-7 NLB)*

.

In alle Ewigkeit wird Gott verherrlicht, weil er uns in Christus Jesus seine Freundlichkeit erwiesen hat. Sicher haben wir seine Gnade nicht verdient, aber er hat *beschlossen*, uns seine liebende Gnade anzubieten auf der Grundlage seiner liebenden Natur.

Anders als der Vater beurteilen und akzeptieren leistungsorientierte Christen andere Menschen nach ihrem Verhalten. Wer in der Gnade wandelt, nimmt die Menschen mit vorbehaltloser Liebe an. Das ist kein Blankoscheck, der alles Verhalten gutheißt. Doch die Gnade ermöglicht uns, andere Menschen unabhängig von ihrem Tun zu akzeptieren und zu lieben. Gesetzliche Menschen möchten das *Verhalten* des anderen verändern. Die Gnade schaut über das hinaus, was andere tun, bestätigt sie in dem, wer sie *sind*, und ermutigt sie, ihrer Identität entsprechend zu leben. Gesetzliche Menschen häufen Schuld und Schande auf alle, die ihren Anforderungen nicht genügen. Ein Christ in der Gnade liebt bedingungslos.

Wenn du Christen, die stolpern und fallen, Gnade erweist, wirst du staunen, welche Auswirkungen das auf ihr Leben hat. Ein Christ braucht, wenn er fällt, keine Verurteilung. Wahrscheinlich ist er schon selbst mit sich ins Gericht gegangen und bricht unter der Last der Selbstverdammnis fast zusammen. Wenn ein Gläubiger sich verurteilt fühlt, steckt *nie* Gott dahinter. Die Bibel lehrt klar, dass es keine Verdammung gibt für die, die in Christus sind (vgl. Römer 8,1). Wenn Gott seine Kinder nicht verurteilt, wer sind wir, dass wir einander verurteilen?

Rick sagte, er hätte das Gefühl, Gott habe ihn in letzter Zeit im Stich gelassen. Er wirkte stoisch, aber auch irgendwie zornig. »Was geht im Moment in dir vor?«, fragte ich. »Mir scheint, Gott hat mich vergessen. Ich fühle mich kalt und leer.«

Ich hörte zu, wie Rick versuchte, seinen Schmerz in Worte zu fassen, und ließ ihn spüren, dass ich seine Gefühle ernst nahm.

Ganz langsam taute er ein wenig auf. Schließlich begann ich, ihm die Wahrheit zu erklären:

»Rick, Gott hat dich nicht vergessen. Ganz bestimmt nicht. Er denkt ständig an dich. Er hat riesige Freude an dir.«

Rick senkte den Blick und schaute zu Boden. In den folgenden Minuten versicherte ich ihm noch einmal, wie sehr er geliebt und von seinem himmlischen Vater angenommen ist.

»Du sagst, Gott akzeptiert mich. Aber du weißt längst nicht alles«, meinte er schließlich. Und dann kam er zur Sache. Wenn er auf Geschäftsreisen unterwegs war, schaute er in seinem Hotelzimmer pornografische Filme an und kam nun nicht mehr davon los. Mit zitternder Stimme beschrieb er seinen Kampf gegen die Versuchung seiner einsamen Nächte.

»Rick, Gott hat dich nicht angenommen, weil du das Richtige tust. Und er hört auch nicht auf, dich zu lieben, wenn du das Falsche tust.« Ich erklärte, dass Gott ihn aufgrund all dessen liebt und annimmt, was er *in Christus* ist. Wir sprachen auch über die Sache mit unserer Identität.

»Du hast deshalb solche Angst, weil du dich im Widerspruch zu dem verhältst, wer du bist«, erklärte ich ihm.

Einige Wochen lang traf ich mich mit Rick und sprach mit ihm über seine Identität in Christus. Als er seine wahre Identität entdeckte, wurde er nach und nach von der Versuchung frei, die ihm zur Gewohnheit geworden war. Eines Tages berichtete er: »Steve, letzte Woche war ich wieder auf Reisen. Es war ziemlich stressig. Am Abend im Hotel spürte ich wieder den Drang, Pornos anzuschauen. Ich gab nach und schaltete ein, aber nur kurz. Dann wurde mir klar, dass ich das gar nicht wollte, und ich habe wieder abgeschaltet. Ich glaube wirklich, ich bin frei.«

Rick wurde nicht frei, weil er sich schuldig fühlte und verurteilt wurde. Er bekannte seine Sünde, weil er die Zusicherung von Gottes Liebe und Annahme hatte. Verurteilung und Verdammung drücken uns nieder und halten uns vor, wir seien nichts wert. Gott dagegen überführt seine verirrten Kinder durch seine Liebe von ihrer Sünde und lenkt unsere Zuneigung und Hingabe so zurück zum Vater. Und dabei lassen wir die Sünden los, die uns geplagt haben.

Die Gemeinde ist kein Verein der Sündlosen und Vollkommenen. Eher ist sie eine Familie von Menschen, an deren Leben die verändernde Kraft der Gnade Gottes sichtbar wird. Einer der Gründe, warum wir einander in der Gemeindefamilie brauchen, ist der, die bedingungslose Liebe und vorbehaltlose Annahme des Vaters zu zeigen. Wenn wir auf dem Weg der Gnade sind, schenken wir anderen dieselbe Liebe und Annahme, die wir von Gott empfangen haben.

Die Gemeinde Gottes ist eine bunte Familie

Das dreidimensionale Bild in meinem Büro wurde erkennbar, als mein Blick die Entfernung verdoppelte. Derselbe Grundsatz gilt, wenn wir eine neue Perspektive für die Gemeinde suchen. Viele Jahre lang sah ich die Gemeinde nur aus geringer Entfernung. Ich bin dankbar für mein Erbe. Die Gemeinschaft mit den Freunden in der Glaubensrichtung, zu der ich gehöre, ist eine unschätzbare Bereicherung. Trotzdem müssen wir einen großen Schritt von unserem eigenen Baum der Tradition zurücktreten, wenn wir den ganzen Wald sehen und richtig verstehen wollen, was Gemeinde in Gottes Augen ist.

Ein Kennzeichen der Gesetzlichkeit ist die Haltung, etwas Besonderes zu sein nach dem Motto: Unsere Einstellung ist richtig und die der anderen falsch. Der Weg der Gnade hat mein Gemeindeverständnis geweitet. Keine einzige Gruppe von Christen hat eine klare Erkenntnis der ganzen Wahrheit. Die einen verstehen diesen Teil besser, während die anderen einen anderen Aspekt der geistlichen Wahrheit betonen. Deshalb brauchen wir einander. Manche sagen, alle Gemeinden hätten recht. Nun, wenn man das Leben der heutigen Gemeinden unbedingt danach beurteilen will, ob sie recht haben oder nicht, dann machen es alle richtig und alle machen es falsch. Mit anderen Worten, keine Gemeinde oder Denomination liegt völlig richtig und keine völlig daneben. Die Wahrheit ist in ihnen allen zu finden, aber es gibt eine ganze Menge überflüssige Lehrmeinungen, die den klaren Blick auf diese Wahrheit trüben.

Ich sage nicht, Lehrsätze und Doktrinen seien nicht wichtig. Die treue Gemeinde hält an den unabdingbaren Glaubenssätzen fest. Doch wenn wir Gemeinde mit den Augen der Gnade sehen, müssen wir nicht alle in jedem Punkt von Theorie und Praxis übereinstimmen. Ich war nie für einen Ökumenismus, der die Lehre zum Kirchenfenster hinauswirft. Aber im Haus von Gottes Gemeinde muss doch irgendwo auch Raum sein für Einheit unter den verschiedenen Mitgliedern der Kirchenfamilie. Nur weil ein Bruder anders ist, hat er doch nicht automatisch unrecht. Ein Blickwinkel der Gnade kann die Vielfalt in der Familie Gottes aushalten.

Im ersten Korintherbrief gebraucht Paulus das Bild des menschlichen Körpers, um wechselseitige Beziehung der Glieder am Leib Christi zu veranschaulichen.

Der menschliche Körper hat viele Glieder und Organe, doch nur gemeinsam machen die vielen Teile den einen Körper aus. So ist es auch bei Christus und seinem Leib. Einige von uns sind Juden, andere Nichtjuden; einige sind Sklaven, andere frei. Aber wir haben alle denselben Geist empfangen und gehören durch die Taufe zum Leib Christi. Auch der Körper besteht aus vielen verschiedenen Teilen, nicht nur aus einem. (1 Kor 12,12-14 NLB)

Wir brauchen einander! Aus Gottes Perspektive ist seine Gemeinde ein Leib. Das sagt Paulus doch hier, oder nicht? Wir sind mit Christus und miteinander zu einer Einheit zusammengefügt. Wir müssen die Unterschiede zwischen den einzelnen Körperteilen akzeptieren und es zulassen, dass das Haupt den Gliedern Anweisungen gibt. Gesetzlichkeit will, dass jeder Körperteil Mund oder Fuß oder Hand ist, aber Gottes Wort lehrt klar, dass jedes Körperglied dafür verantwortlich ist, der Anweisung des Hauptes zu folgen. Paulus sagt weiter: »Nun aber hat Gott die Glieder eingesetzt, ein jedes von ihnen im Leib, so wie er gewollt hat. Wenn aber alle Glieder ein Glied wären, wo bliebe der Leib? Nun aber sind es viele Glieder, aber der Leib ist einer« (1 Kor 12,18-20 Lut).

Watchman Nee schreibt über die geordnete Vielfalt, die Gott für die Gemeinde vorgesehen hat:

Oder grob ausgedrückt: Versuche nicht, selber alles zu tun und alles zu sein! Kein vernünftiger Mensch würde wünschen, dass der ganze Leib Christi sich in einer einzigen Weise betätigt. Es wäre sinnlos, wenn das Ganze Auge wäre oder wenn das Auge versuchte, die Arbeit des Ganzen zu tun. Gott wollte, dass in Christi Leib Vielfalt herrsche, er sollte sowohl Ohr und Nase als auch Auge und Hand haben; Einförmigkeit wollte Gott nicht und erst recht keine Monopolstellung eines einzelnen Organs.[24]

---

[24] Watchman Nee, *Der persönliche Auftrag des Christen*, 85.

Ein an der Gnade ausgerichtetes Verständnis von Gemeinde wird zu der Schlussfolgerung führen, dass es in Wirklichkeit nur *eine* Gemeinde gibt. Die Gemeinde ist Christi Leib, unter der Leitung des Hauptes. Jedes Glied braucht den Rest des Leibes. Nur im Zusammenwirken können sie die Anweisungen des Hauptes effizient ausführen. Wir in der Gemeinde Jesu brauchen einander. Gesetzlichkeit trennt die Christen voneinander, aber die Gnade zieht uns in eine Liebes-Beziehung zueinander. Wir sind eins in der Einheit mit Christus. Äußerlich betrachtet mögen wir uns voneinander unterscheiden, aber im Kern sind wir alle eins, denn unser aller Leben ist Christus.

> Wir in der Gemeinde Jesu brauchen einander. Gesetzlichkeit trennt die Christen voneinander, aber die Gnade zieht uns in eine Liebes-Beziehung zueinander.

Kapitel 12

In der Gnade leben

Wie könnten Worte auch nur ansatzweise das Wunder eines von der Gnade erfüllten Lebens beschreiben? Ich habe diese Kapitel mit dem Herzen geschrieben und viele persönliche Beispiele gebracht, weil die Wahrheit, die ich erkannt habe, nicht von den Auswirkungen zu trennen ist, die sie auf mein Leben hatte. Von Kind auf wusste ich, was Gottes Gnade mit den Ungläubigen zu tun hat. Aber erst in den letzten Jahren habe ich wirklich verstanden, was die Gnade Gottes im Leben *von Gläubigen* bewirkt. Ich sehe die Dinge jetzt nicht einfach anders als früher; ich sehe sie *neu*. Die Erkenntnis, dass *Christus mein Leben ist,* hat nicht nur mein Denken verändert; sie hat mein ganzes Leben umgestaltet. Die Wahrheiten in diesem Buch zeigen nicht, was ich glaube; sie verkörpern, wer ich bin!

Gelegentlich höre ich, wie jemand über das ausgetauschte Leben spricht im Sinne von »wir« und »sie«. Doch schon allein ihrem Wesen nach teilt die Gnade die Menschen nicht ein in Kategorien von »Habenden« und »Nicht-Habenden«. Die Offenbarung Christi als unser Leben ist *nicht* irgendein »zweites Werk« der Gnade. Sie ist lediglich ein neues Bewusstsein und eine neue Dankbarkeit für das Leben Christi, *der in jedem Christen wohnt.* In der Familie Gottes gibt es keine Christen zweiter Klasse. Wir alle haben Christus in uns, und wenn wir sein Leben haben, gibt es nichts mehr, das wir noch ersehnen oder erringen müssten!

Platon erzählt in seinem Werk *Der Staat* das »Höhlengleichnis«, eine Allegorie, die von seinem Lehrer Sokrates stammte. Mit dem »Höhlengleichnis« wollte er die Bedeutung unterschiedlicher Grade von Erkenntnis und Glauben veranschaulichen. Die Analogie zeichnet auch ein schönes Bild von dem, was Gott an mir getan und wie er mir Christus als mein Leben offenbart hat. Aber lies selbst, vielleicht erkennst auch du dich darin wieder.

Stelle dir Menschen in einer unterirdischen, höhlenartigen Behausung vor, die einen aufwärts gegen das Licht geöffneten Zugang hat. In dieser sind sie von Kindheit an gefesselt, sodass sie auf demselben Fleck bleiben und den Kopf umzudrehen wegen der Fessel nicht imstande sind. Licht aber haben sie von einem Feuer, welches von oben und von ferne her hinter ihnen brennt. Zwischen dem Feuer und den Gefangenen geht obenher ein Weg, längs diesem stelle dir eine Mauer aufgeführt vor. Längs dieser Mauer tragen Menschen allerlei Gefäße, die über die Mauer emporragen. Einige, wie natürlich, reden dabei, andere schweigen. Die Gefangenen sehen die Schatten, welche das Feuer auf die ihnen gegenüberliegende Wand der Höhle wirft. Könnte die Wand auch Geräusche reflektieren, würden die Gefangenen die Schatten reden hören. Da die Gefangenen nicht den Kopf drehen können, sehen sie nur die Schatten. Deshalb nehmen sie an, die Schatten seien **die Wirklichkeit**, *denn sie wissen nichts von dem Feuer und auch nichts von dem Weg und den Menschen hinter ihnen.*

Nun stelle dir vor, es werde einer befreit und genötigt, plötzlich aufzustehen, den Hals umzuwenden, zu gehen und nach dem Licht hinzublicken, und dies alles täte ihm weh, und er wäre wegen des Flimmerns nicht imstande, die Gegenstände zu sehen, deren Schatten er vorher gesehen hatte. Was glaubst du, dass er sagen würde, wenn man ihm versicherte, damals habe er lauter Nichtigkeiten gesehen, jetzt aber sei er dem Seienden näher, stehe vor Dingen, denen ein Sein in höherem Grade zukomme, und sehe daher richtiger? Und wenn man ihn sogar in das Licht selbst zu sehen nötigte, würden ihm dann nicht die Augen schmerzen, und er würde fliehen und zu jenen Dingen zurückkehren, die er anzusehen imstande ist, fest überzeugt, diese seien in der Tat viel wirklicher als das, was man ihm zuletzt gezeigt hatte? Aber stelle dir vor, er würde sich langsam daran gewöhnen. Zunächst könnte er nachts die Sterne und den Mond sehen, dann die Schatten, die die Sonne wirft und wie sie sich in den trüben Wassern der Tümpel widerspiegelt. Doch nach und nach würde er die Bäume und Berge im vollen Tageslicht sehen können, und er würde erkennen: Nicht die Schatten in der Höhle, sondern dies ist **die Wirklichkeit**. *Und schließlich, nachdem er sich daran gewöhnt hat, sich umzusehen, wird er begreifen: Das Licht, das dies alles ermöglicht, kommt von der Sonne.*[25]

---

[25] Platon, *Der Staat*, zit. nach Platon, Hauptwerke, ausgewählt und eingeleitet nach Wilhelm Nestle, Leipzig 1931, 205-207.

Die Höhle in dieser Allegorie ist ein Bild für unsere Erfahrungswelt. Neunundzwanzig Jahre lang habe ich als Christ in der Höhle der Gesetzlichkeit verbracht. Dann begann der Heilige Geist liebevoll, mir all das wegzunehmen, was mir ein Gefühl der Sicherheit gegeben hatte – sichtbare Erfolge im Dienst und das befriedigende Gefühl, ein guter Christ zu sein. Jetzt weiß ich, dass genau diese Dinge, an die ich mich damals so verzweifelt klammerte, in Wirklichkeit nichts anderes waren als Ketten, die mich vom Licht fernhielten. Trotz Angst und Schmerzen zog mich Gott von allem weg, was mir vertraut war, hinein ins Licht seiner Gnade. Auch jetzt, Jahre später, haben sich meine Augen noch nicht vollständig an die helle, glänzende Herrlichkeit der Gnade gewöhnt. Und ich erkenne je länger, je mehr, dass fromme Routine nur ein Schatten ist. Das wahre Leben ist nicht in den Schatten, sondern im Sohn Gottes!

Ist jemand erst einmal aus der Höhle befreit, wird er die Schatten nie wieder so interpretieren können wie vorher. Eine ganze Welt der Gnade wartet darauf, entdeckt zu werden. Jeder Tag ist ein spannendes Abenteuer. Sokrates behauptet, wenn der ehemalige Gefangene plötzlich wieder in die Höhle zurückgebracht würde, wären seine Augen nicht mehr an die Dunkelheit gewöhnt und er könnte auch die Schatten nicht mehr erkennen. Seine Mitgefangenen würden sagen, seine Erfahrungen hätten ihn verdorben und es sei Dummheit gewesen, ins Licht hinauszugehen.[26]

Darum mache dich darauf gefasst, wenn du die Höhle der Gesetzlichkeit verlässt, wird sich nicht jeder über deine neu entdeckte Freiheit freuen. Gesetzlichkeit und Gnade haben sich noch nie gut vertragen. Wer seine Identität in frommer Leistung findet, in dem sträubt sich alles bei der Vorstellung, fromme Leistung sei

---

26 Platon, *Der Staat*, 514a.

nur ein Schatten und nicht das Echte. Schon allein der Gedanke daran wird als Angriff auf die eigene Identität verstanden. Aber vergiss nicht, du bist frei! Wandle im Licht und freue dich an deinem Glauben! Die einen missgönnen dir deine Freiheit, andere dagegen wird es aus der Höhle hinaus ans Licht ziehen, wenn sie sehen, welche Freude du dort gefunden hast.

Christus ist *dein* Leben. Gnade und Wahrheit kommen durch ihn (vgl. Johannes 1,17)! Dein Leben ist ein Leben der Gnade. Wie kann man das in wenigen Sätzen beschreiben? Gar nicht. Es ist völlig unmöglich, das Leben Christi in ein paar Seiten zusammenzufassen! Aber es gibt drei Merkmale eines Lebens in der Gnade, die wir alle mehr als etwas anderes begehren sollten.

Jesus erkennen

Einer meiner liebsten Bibelverse wird für immer das Wort aus Philipper 3,10 sein, das Gott zu mir sprach, als ich in jener Nacht hinter meinem Schreibtisch auf dem Boden lag und bedingungslos vor ihm kapitulierte und ihm versprach *alles* zu tun, was er von mir wollte. Seit jener Nacht und bis zu diesem Augenblick bin ich von dem Wunsch beseelt, ihn immer mehr kennenzulernen. Der Wunsch entspringt nicht immer meinen Gefühlen, vielmehr ist es die bewusste Erkenntnis, dass ich ihn *kennen* will. Ich bin nicht jede Minute auf dem Berggipfel wie damals, als ich begriff, dass Christus mein Leben ist. Ich habe einige Täler der Frustration und Enttäuschung, Verwirrung und Sünde durchschritten und ich habe immer noch Fragen. Ich habe Höhen und Tiefen erlebt und hatte sowohl im Glauben als auch im Fleisch ganz starke Momente. Und doch hatte ich bei jedem Schritt den tiefen Wunsch, Gott immer näher zu kommen.

Wir werden die ganze Ewigkeit damit zubringen, unseren himmlischen Vater kennenzulernen. Können wir da zufrieden sein mit dem Maß an Nähe, das wir heute haben? Was wir heute von ihm wissen, ist doch nur ein Tropfen in einem unendlichen Ozean der Erkenntnis. Doch durch *Bibelwissen* allein werden wir Gott nie wirklich kennenlernen. Wir brauchen die göttliche *Offenbarung*, mit der er uns die Augen öffnet, damit wir ihn tiefer erkennen. Dem unverbindlichen und oberflächlichen Christen offenbart Gott sich nur selten. Aber er ist mehr als bereit, sich denen zu zeigen, die es wirklich nach ihm hungert. Beten wir doch darum, dass Gott alles Erforderliche tut, um in uns den Hunger zu wecken, »ihn zu erkennen und die Kraft seiner Auferstehung und die Gemeinschaft seiner Leiden, indem ich seinem Tod gleichförmig werde« (Phil 3,10).

In Jesus bleiben

Einer der befreiendsten Aspekte der Gnade ist die Erkenntnis, dass wir nun nicht mehr unter dem selbst auferlegten Mandat stehen, nachweislich und messbar produktiv zu sein. Natürlich ist gegen messbare Produktivität gar nichts zu sagen. Verkehrt ist es nur, wenn wir uns krampfhaft bemühen, »erfolgreich« zu sein. Jesus sagte, wir seien einfach nur Reben, die am Weinstock bleiben sollen.

Die Frucht an der Weinrebe kann nichts tun, um zu wachsen. Ohne Verbindung zum Weinstock ist sie tot. Das Leben des Weinstocks *ist* das Leben der Rebe. Jede Frucht, die an der Rebe wächst, ist Folge des Lebens, das vom Weinstock durch sie fließt. Es gibt keine Eifersucht zwischen kernlosen Trauben und Trauben mit Kern. Keine Traube gibt mit ihrer Farbe an oder ist stolz darauf, einen geschmackvolleren Wein zu ergeben als die andere. Keine Traube vergleicht sich mit anderen und zählt nach, ob sie mehr Beeren trägt. Keine Traube reitet darauf herum, dass sie näher am Weinstock hängt. Allmählich wird es lächerlich, aber ich denke, wir haben verstanden. Ein großer Teil der Christenheit ist heute davon besessen, um jeden Preis zu produzieren. Manche Gemeinden haben die Hoffnung aufgegeben, jemals einen mächtigen, rauschenden Wind zu erleben, und begnügen sich damit, selber einen Wirbel zu veranstalten.

Wenn du dich dafür entscheidest, einfach in Christus zu bleiben, dann stellst du dich bewusst gegen die vorherrschende Meinung in der frommen westlichen Welt. Unser modernes Denken befiehlt uns: »Tu etwas, auch wenn es falsch ist!« Es ist leicht, Unruhe für Bewegung zu halten. Doch Christi Aufruf an die Seinen ist immer noch derselbe: »Bleibt in mir.« Wer den echten Wunsch hat, Christi Leben in seiner Fülle zu erleben, für den gibt es *keinen* Ersatz für das tägliche Ruhen und Bleiben in ihm. Gott wird sein Ziel in unserem Leben nach seinem Plan erreichen. Trauben wachsen nicht schneller, wenn sie jammern und seufzen. Andrew Murray sagte zu Recht:

Alle Übungen des geistlichen Lebens, unser Lesen und Beten, unser Wünschen und Tun, haben ihren sehr großen Wert. Sie können jedoch nichts weiter erreichen als dies: dass sie den Weg weisen und uns vorbereiten, in Demut nur auf Gott selbst zu sehen, von ihm allein abhängig zu sein und in Geduld seine gute Zeit und Barmherzigkeit zu erwarten.«[27]

---

27 Andrew Murrey, *Warten auf Gott*, 42.

Dem verängstigten Christen fällt es oft leichter, etwas *für Gott zu tun*, als auf Gott *zu warten,* damit er etwas *durch* uns tut. Ein Leben in der Gnade ist gekennzeichnet durch ein ruhiges Vertrauen zu einem allmächtigen Gott, dessen Liebe und Weisheit ihn immer das tun lassen, *was* er will und *wann* er es will. Wenn wir bewusst oder unbewusst versuchen, die Dinge voranzutreiben, weil wir meinen, Gott ließe sich zu viel Zeit, können wir ungeheuren Schaden anrichten.

Jesus zum Ausdruck bringen

In Christus bleiben ist untrennbar damit verbunden, dem Leben Christi Ausdruck zu verleihen. Jede Rebe, die am Weinstock bleibt, erlebt das Leben des Weinstocks und gleichzeitig verleiht sie ihm Ausdruck durch ihre Frucht. Viele wollen eine Form von christlichem Dienst produzieren, ohne in Christus zu bleiben. Das Ergebnis sind leere fromme Rituale, die einen toten Dienst hervorbringen. Wenn der »christlichen Religion« das *Leben Christi fehlt,* ist sie genauso kraft- und bedeutungslos wie jede andere Religion. Verstehst du, was ich damit sagen will? Wenn der »christlichen Religion« das *Leben Christi fehlt,* ist sie nicht mehr christlich und nichts anderes als eine religiöse Morallehre, die den Menschen beibringt, wie sie sich benehmen sollen. *Biblisches Christentum hingegen ist ein Ausdruck des Lebens Christi durch seine Gemeinde in dieser Welt.*

Kann jemand »den christlichen Glauben praktizieren«, ohne gerettet zu sein? Nein. Er kann bestenfalls versuchen, das Leben Christi so gut wie möglich *nachzuahmen.* Aber echtes Christsein ist keine Imitation, sondern ein *Ausdruck* des Christus in uns. Kann jemand, der errettet ist, Christsein nachmachen, ohne dem

Leben Christi Ausdruck zu verleihen? Ja. Aber jeder Versuch, mit unseren eigenen Mitteln und Fähigkeiten, unserem eigenen Wissen usw. etwas für Gott zu tun, ist fleischlich. Und das Fleisch kann nur Fälschungen produzieren. Um sich an Christus zu erfreuen und seinem Leben Ausdruck zu verleihen, muss man es ihm erlauben, sein Leben durch uns zu leben. Wenn wir in ihm ruhen, wird er sein Wesen und seinen Dienst durch uns wirken lassen. Wenn wir uns stattdessen bemühen, ein christliches Leben zu führen, unterbrechen wir den Strom seines Lebens und bedienen uns unserer eigenen Möglichkeiten. Wenn wir in ihm bleiben, ruhen und arbeiten wir gleichzeitig! Innerlich ruhen wir, während er nach außen durch uns arbeitet. Das ist die Methode, die Gott für den christlichen Dienst vorgesehen hat. Alles andere sind leere fromme Rituale, ganz gleich, wie erfolgreich oder geistlich sie scheinen mögen.

Leben in der Gnade bedeutet, dass wir seinem Leben als einem natürlichen und normalen Teil unseres Alltags Ausdruck verleihen. Wir leben jeden Tag in dem Vertrauen, dass Christus sich durch uns äußern wird. Wir brauchen unsere Handlungen und Haltungen nicht ständig zu analysieren. Das Leben ist kein Test, wir dürfen ruhen. Die Prüfung wurde bereits abgelegt und wir haben die Bestnote erhalten, denn Jesus ist an unserer Stelle angetreten. Jetzt ist es Zeit zum Feiern! Wir brauchen nicht mehr länger mit einer Liste von Dingen zu leben, die wir vermeintlich tun müssen. *Wenn wir jeden Tag einfach nur in Christus bleiben, können wir tun, was wir wollen.* Doch weil wir in ihm bleiben, wollen wir nur noch, was er will.

Manche Christen laufen mit abgrundtiefen Sorgenfalten auf ihren Gesichtern herum! Entspann dich! Das Leben Christi ist ein Leben der Freude. Wenn die Menschen sehen, was für eine Freude wir erleben, wird sie das zu uns und zu ihm ziehen. Selbst in schmerzlichen Situationen, die uns seelisch bedrücken, können Christen geistlich froh sein. Ständige Selbstanalyse kann uns geistlich lähmen und erstarren lassen. Darum möchte ich noch einmal betonen: Wir dürfen einfach leben und es Christus erlauben, sich ganz normal und natürlich durch uns zu äußern.

In jener Nacht, als ich verzweifelt am Boden lag, hatte ich das Gefühl, ich würde mich nie so am Glauben freuen können, wie es die Bibel schildert. Vielleicht ging es dir ähnlich, als du dieses Buch in die Hand genommen hast. Die Erkenntnisse, über die ich geschrieben habe, sind keine *theoretischen* Ideen, die ein wenig Freude in dein Christenleben bringen können, sondern *gültige* Wahrheiten, die ich in meinem eigenen Leben geprüft und die sich bewährt haben. Freude ist kein Gefühl, sondern eine Person mit Namen Jesus.

> Das Leben ist kein Test, wir dürfen ruhen. Die Prüfung wurde bereits abgelegt und wir haben die Bestnote erhalten, denn Jesus ist an unserer Stelle angetreten.

Wenn ein ehemaliger »Workaholic« wie ich sich auf den Weg der Gnade begeben konnte, dann kannst du das auch. Du musst dir nur im Glauben zu eigen machen, dass Christus dein Leben ist, und dann zulassen, dass er sein Leben durch dich lebt. Da du dieses Buch bis hierher gelesen hast, nehme ich an, dass du einen Hunger nach dem Leben Christi hast in seiner ganzen Fülle. Das Leben Christi erlebt man täglich auf dieselbe Weise, wie man es empfangen hat – im Glauben.

In jener Nacht hatte ich den Herrn gefragt: »Gott, was willst du denn noch von mir?« – Was will der Herr von uns? Uns selbst. Nicht unsere Versprechungen. Nicht unsere guten Vorsätze. Auch nicht unseren christlichen Dienst. Das alles regelt sich von selbst, wenn wir nur in seinen Armen ruhen und es zulassen, dass er durch uns handelt. Welche Freude und Erleichterung. Das ist kein passiver Lebensstil, sondern ein friedlicher, bei dem wir aktiv in ihm ruhen, während er alles andere tut. Das ist der Weg der Gnade – Gottes wunderbarer Gnade!

Ein persönliches Wort

Jede Woche erhalte ich Post von Menschen, die durch das Lesen dieses Buches verändert wurden. Es ist für mich jedes Mal eine Ermutigung zu hören, wie Gott dieses Buch gebraucht, um Menschen anzusprechen. Wenn dieses Buch auch dein Leben verändert hat, würde ich liebend gerne davon erfahren. Du kannst mir eine E-Mail schicken an info@gracewalk.org oder schreibe an:

Dr. Steve McVey
Grace Walk Ministries
PO Box 3669, Riverview, Florida 33568-3669, USA

Herzlich willkommen auch auf unserer Webseite (www.gracewalk.org). Hier erfährst du mehr über Grace Walk Ministries. Du kannst sehen, welche Bücher ich außerdem geschrieben habe und vielleicht interessieren dich die Audio-CDs und DVDs mit meinen Predigten (in Englisch).

Danke, dass du dir die Zeit genommen hast, um *Auf dem Weg der Gnade* zu lesen. Ich bete dafür, dass unser Vater dich auch weiterhin auf deinem Weg in der Gnade segnet und du »ihn mehr und mehr erkennst und die Kraft seiner Auferstehung, und die Gemeinschaft seiner Leiden«! (Phil 3,10)

Zur Vertiefung

Kapitel 1 – Erbärmliches Mittelmaß

1. Wie beschreibt die Bibel Erfolg im Leben des Christen? Was meinst du, haben Christen im Allgemeinen ein richtiges Verständnis von Erfolg? Warum oder warum nicht?
2. Kennst du den Kreislauf von guten Vorsätzen, Schuldgefühlen und erneuter Hingabe auch? Welche Probleme entstehen, wenn man sich Gott immer wieder aufs Neue hingibt und sich noch mehr bemüht, für ihn zu leben? Beschreibe den Unterschied zwischen Versuchen und Vertrauen im Hinblick auf ein Leben im Sieg.
3. Lies Galater 3,19-25. Welchen Zweck hat das Gesetz? Beschreibe einen Christen, der unter dem Gesetz statt unter der Gnade lebt.
4. Welchen Einfluss hat die Betonung von Produktivität und Leistung auf die heutigen Gemeinden? Wie hat sich die Urgemeinde in dieser Hinsicht von der modernen Gemeinde unterschieden?

5. Sollten Christen in dem, was sie für Gott tun, ihre Befriedigung suchen? Meinst du, dass die meisten Christen in ihrem Lebensstil ein Gefühl der Befriedigung erleben? Warum oder warum nicht?

Kapitel 2 – Ehe es Tag wird

1. Lies Römer 12,1-2. Was bedeutet eine rückhaltlose Übergabe an Gott? Woran zeigt es sich, wenn sich jemand bedingungslos und total an Gott ausgeliefert hat?
2. *Fleisch* bezeichnet die erlernten Strategien, mit denen man seine eigenen Bedürfnisse unabhängig von Christus befriedigt. Ist der Wandel im Fleisch immer abstoßend? Beschreibe die Fleisches-Muster von Paulus nach Philipper 3,3-7.
3. Beschreibe, wie die Stärken eines Menschen zur geistlichen Belastung werden können. Wie kann es sein, dass Christen das Fleisch anderer Christen bestärken, ohne es zu wollen?
4. Steve sagt, der Wunsch, etwas für Gott tun zu wollen, klinge zwar gut, könne aber zerstörerische Folgen haben. Stimmst du ihm zu oder nicht? Warum? Wird Gott unsere eigenen Anstrengungen segnen?
5. Lies 1. Mose 16,1-6. Wie haben Abraham und Sarah versucht, Gott zu helfen? Was waren die Folgen? Beschreibe einige Möglichkeiten, wie Menschen heute unter Umständen versuchen, Gott nachzuhelfen. Was ist daran verkehrt?
6. Wie definierst du Zerbruch? Steve behauptet, Gott lege uns Lasten auf, die über unsere Kräfte gehen. Würdest du ihm zustimmen? Warum oder warum nicht?

7. Warum führt Gott einen Menschen in den Zerbruch? Warum sollte ein liebender Gott zulassen, dass seine Kinder Schmerz empfinden?
8. Lukas 10,40-42 lässt vermuten, dass Martha sich durch ihren Dienst für ihn von Jesus ablenken ließ. Wo ist das auch für uns heutige Christen eine Gefahr?

Kapitel 3 – Ein nagelneues Ich

1. Was bewegt Gott dazu, einen Christen anzunehmen? Nimmt er uns auch an, wenn wir im Widerspruch zu dem leben, was wir bekennen? Erkläre deine Antwort.
2. Warum ist es so wichtig, dass wir verstehen, wer wir in Christus sind? Was ist falsch mit einem Menschen, der glaubt, er sei nur ein Sünder, der durch die Gnade gerettet wurde?
3. Warum halten sich die meisten Nichtchristen deiner Meinung nach für ziemlich gute Menschen, während viele Christen sich nur als Sünder sehen, die begnadigt wurden? Was ist ein Heiliger?
4. Lies Römer 9,30-10,4. Die Juden bemühten sich um Gerechtigkeit, aber vergeblich; die Nichtjuden dagegen kümmerten sich nicht darum und haben dennoch Gerechtigkeit erlangt. Wie konnte das geschehen?
5. Warum reicht Vergebung allein nicht als Motivation, damit ein Mensch im Sieg leben kann?
6. War Lot ein frommer Mensch? War sein Verhalten Gott wohlgefällig? Welche Anforderungen muss ein Mensch erfüllen, um als gerecht zu gelten?

Kapitel 4 – Ein toter alter Mensch

1. Lies 2. Petrus 1,4 und erkläre, wie Christen Anteil an der göttlichen Natur bekommen. Hat ein Christ eine Natur oder zwei?
2. Paulus sagt in Galater 2,20, er sei mit Christus gekreuzigt worden. In welchem Sinne sind wir mit ihm gekreuzigt? Welche Macht hat die Sünde heute über die Gläubigen?
3. Was sagst du zu dieser Behauptung: »Bei der Beschneidung, die durch den Geist Gottes an uns geschah, wurde unser altes Leben für immer von seiner Quelle abgeschnitten ... Wenn wir sündigen, verhalten wir uns darum *widernatürlich*.« Warum scheint es uns manchmal so leicht zu sündigen?
4. Wenn die sündige Natur des Christen tot ist, ist es dann möglich, ein sündloses Leben zu führen? Was bringt einen Christen dazu, zu sündigen?

Kapitel 5 – Gottes Leben selbst erleben

1. Wie würdest du »das ausgetauschte Leben« definieren? Wie funktioniert es, wie fühlt es sich an und wie äußert es sich? Was ist der Unterschied zu einem »zweiten Werk der Gnade«?
2. Was meinst du, ist das Leben als Christ schwer oder leicht? Warum scheint es manchmal so, als wäre es schwer?
3. Was ist der Unterschied zwischen frommer Aktivität in der Gemeinde und geistlichem Dienst? Was ist in deiner Gemeinde üblich?

4. Lies Matthäus 11,28-30. Erleben die meisten Christen, was Jesus hier verspricht? Warum oder warum nicht?
5. Steve nennt vier Gründe, warum Gläubige möglicherweise versuchen, aus eigener Kraft ein christliches Leben zu führen. Nenne diese vier Gründe. Was könnten weitere Gründe sein?
6. Was sollte ein Christ verstehen, der sich alle Mühe gibt, für Gott zu leben? Wie passt die Ruhe, von der Jesus spricht, zu dem Kampf, von dem Paulus in Epheser 6,12 schreibt?

Kapitel 6 – Frei vom Gesetz

1. Was ist ein gesetzlicher Christ? Wie äußert sich Gesetzlichkeit im Lebensstil eines Menschen?
2. Lies 1. Korinther 15,56 und Römer 7,5-6. Wie wirkt sich das Leben unter dem Gesetz auf den Christen aus? Sollte ein Gläubiger versuchen, die Gesetze Gottes zu befolgen?
3. Welche Regeln hast du dir selbst zum Gesetz gemacht? Welche Beziehung hat der Gläubige nach Römer 7,1-4 zum Gesetz?
4. Wenn wir frei sind vom Gesetz, bedeutet das, es ist belanglos, wie wir leben? Wenn ein Christ sich nicht bemüht, Gottes Gesetz zu halten, was sorgt dann dafür, dass sein Leben Gott wohlgefällig ist?
5. »Beim Christsein geht es nicht um das *Tun*, sondern um das *Sein*.« Was bedeutet das?
6. Steve meint, erneute Hingabe an Gott sei kein Schlüssel zum Sieg. Würdest du ihm zustimmen? Erkläre deine Antwort.

Kapitel 7 – Sieg ist ein Geschenk

1. »Der Versuch, etwas *für* Gott zu tun, ist typisch Fleisch! Dabei kann es uns vollkommen ernst damit sein – aber wir gehen vollkommen in die Irre.« Denke über diese Aussage nach.
2. Was ist daran verkehrt, wenn sich unser Leben nur darum dreht, Gott zu dienen? Will Gott, dass wir ihm dienen?
3. Manche glauben, dass Christus uns Sieg gibt. Andere glauben, dass er unser Sieg *ist*. Was ist der Unterschied?
4. Lies Römer 8,5-6. Was sagen diese Verse über den Sieg über die Sünden, in denen ein Gläubiger gefangen ist?
5. Lies Römer 5,10. Durch den Jesu Tod wird der Christ von der *Strafe* für ihre Sünde befreit. Wie rettet uns sein Leben von ihrer *Macht*?

Kapitel 8 – Vom Unwert der Werte

1. Steve meint, das Leben eines Christen sollte sich nicht auf christliche Werte gründen, sondern auf die Person Jesus Christus. Was ist der Unterschied?
2. »Bevor ich begriff, dass Christus mein Leben ist, drehte sich bei mir alles um die Frage, was richtig ist und was falsch. Doch wenn man nicht in Christus bleibt, *ist alles falsch*.« – Denke über diese Aussage nach.
3. Welchen Stellenwert hat das Gesetz Gottes in unserer heutigen Gesellschaft? Sollten Christen die Ungläubigen auf das Gesetz Gottes hinweisen? Warum oder warum nicht?

4. »Ohne das Gesetz hat man keinen Maßstab für Richtig und Falsch. Das Prinzip von Gut und Böse ist untrennbar mit Gottes Geboten verbunden.« Wie passt das zu der Tatsache, dass Gläubige dem Gesetz gegenüber gestorben sind?
5. Beschreibe den Unterschied zwischen einer Ehe mit Herrn Gesetz und einer Ehe mit Herrn Gnade.
6. Lies 1. Timotheus 1,8-11. Für wen ist Gottes Gesetz bestimmt? Sind alle Christen gerecht? Welche Gebote hat Gott den Gläubigen gegeben, die sie halten sollen?

Kapitel 9 – All You Need is Love

1. Lies Lukas 15,11-24. Der verlorene Sohn kannte seine Identität nicht. Welchen Einfluss hatte das auf die Beziehung zu seinem Vater? Wo siehst du dich selbst in dieser Geschichte?
2. Glaubst du, dass ein Christ um Vergebung bitten sollte, wenn er gesündigt hat? Was ist der Unterschied zwischen einem Sündenbekenntnis und der Bitte um Vergebung? Wenn ein Christ Gott für seine Sünden nicht um Vergebung bittet, bleiben sie dann unvergeben?
3. Lies Römer 6,1-6. Wenn Gnade Gottes alle unsere Sünden zudeckt, warum entscheiden sich Christen dann nicht für einen lockeren Lebensstil der Sünde? Was hält dich davon ab, der Sünde nachzugeben, wenn du in Versuchung gerätst?
4. Wie sollte ein Christ die Gebote des Neuen Testaments verstehen? Erkläre den Unterschied zwischen einem Standpunkt des Gesetzes und der Perspektive der Gnade.

5. Was veranlasst uns dazu, Gott mehr zu lieben als bisher? Nenne einige spezifische Faktoren aus deinem eigenen Leben, die dich dazu bewogen haben, ihn noch mehr zu lieben.

Kapitel 10 – Von der Pflicht zum Vergnügen

1. »Erst nachdem ich begriff, was Gnade ist, ging mir auf: Es war nie Gottes Absicht, dass wir nach der Bibel leben.« Was soll das heißen? Warum ist es ein Fehler, wenn man versucht, nach der Bibel zu leben?
2. Wozu hat Gott uns die Bibel gegeben?
3. Lies 1. Thessalonicher 5,17. Wie ist es möglich, ohne Unterlass zu beten? Wie würdest du ein gutes Gebetsleben definieren?
4. Hat Gott schon zu dir gesprochen? Wie sah das aus? Glaubst du, dass Gott mit jedem Christen persönlich reden will? Wie oft?
5. Steve meint, wenn wir in Christus bleiben, könnten wir unmöglich aus Gottes Willen herausfallen. Stimmst du ihm zu oder nicht? Warum?
6. Wie kann ein Gläubiger den Willen Gottes erkennen?
7. In 1. Korinther 2,16 sagt Paulus: »Wir aber haben den Sinn des Christus.« Was bedeutet das? Hat jeder Christ den Sinn Christi?

Kapitel 11 – Menschen brauchen Menschen

1. Gesetzliche Menschen haben eine andere Auffassung von Evangelisation als Menschen, die in der Gnade leben. Was verstehst du unter Evangelisation und wie praktizierst du sie? Warum?
2. Inwiefern kann Evangelisation auch weltlich sein? Wieso ist es ein Unterschied, ob wir über einen »Heilsplan« sprechen oder über Jesus? Erkläre deine Antwort.
3. Was ist der Unterschied zwischen Barmherzigkeit und Gnade?
4. Wieso fehlt der Verkündigung etwas, wenn sie nur von Vergebung redet und nicht von dem neuen Leben, das man bei der Erlösung empfängt? Was sind die Folgen im Leben des Menschen, der neu zum Glauben kommt?
5. Wie definierst du Gemeinde? Wie kann die Gemeinde der Welt die Gnade Gottes sichtbar machen?
6. Die Gemeinde Jesu ist eine bunte Familie. Gibt es Raum für konfessionelle Unterschiede? Lies 1. Korinther 12,12-13. In welchem Sinne sind die unterschiedlichen Gemeinden aufeinander angewiesen?

Kapitel 12 – In der Gnade leben

1. Wo findest du dich selbst im »Höhlengleichnis« wieder? Was sind die Ketten, die einen Christen in der Höhle der Gesetzlichkeit festhalten?
2. Welcher Unterschied besteht zwischen Bibelwissen und göttlicher Offenbarung? Was sind die Gefahren reiner In-

formation ohne Offenbarung? Wie erhält ein Christ von Gott Offenbarung?
3. Lies Johannes 15,1-5. Was bedeutet es, in Christus zu bleiben? Wie macht man das?
4. Wie ist der Unterschied zwischen der »christlichen Religion« und biblischem Christentum? Ist »christliche Religion« besser als andere Religionen? Warum oder warum nicht?
5. Was bedeutet der Satz: »Wenn wir jeden Tag einfach nur in Christus bleiben, können wir tun, was wir wollen«?
6. Was will Gott von dir?

Bibliografie

Anderson, Neil. *Der die Ketten sprengt*. Lage: Lichtzeichen, 1994.
Fromke, DeVern F. *The Ultimate Intention*. Indianapolis: Sure Foundation, 1963.
George, Bob. *Das Leben ist zu kurz, um die Hauptsache zu verpassen*. Holzgerlingen: Hänssler, 1999.
George, Bob. *Growing in Grace*. Eugene: Harvest House, 1991.
Gillham, Bill. *Lifetime Guarantee*. Eugene: Harvest House, 1993.
Lloyd-Jones, D. Martyn. *Romans: The New Man*. Grand Rapids: Zondervan, 1973.
Murrey, Andrew. *Warten auf Gott*. Neuhausen-Stuttgart: Hänssler, 1980.
Nee, Watchman. *Das normale Christenleben* Stuttgart: Der Strom, 1995.
Nee, Watchman. *Der persönliche Auftrag des Christen*. Wuppertal: R. Brockhaus, 1968.
Nee, Watchman. *Freiheit für den Geist*. Winterthur: Schwengeler, 1970.
Platon, *Der Staat*, zit. nach Platon, Hauptwerke, ausgewählt und eingeleitet nach Wilhelm Nestle, Leipzig: Kröner, 1931.
Taylor, Jack. *The Word of God with Power*. Nashville: Broadman & Holman, 1993.
Thomas, Major Ian. *Christus in Euch - Dynamik des Lebens*. Neuhausen-Stuttgart: Hänssler, 1992.
Thomas, Major Ian. *Man braucht Gott um Mensch zu sein*. Neuhausen-Stuttgart: Hänssler, 1975.
Trumbull, Charles. *Victory in Christ*. Fort Washington: Christian Literature Crusade, 1959.

Andrew Farley
Gott ohne Religion
Kann es wirklich so einfach sein?

Gebunden, 304 Seiten
ISBN: 978-3-943597-00-4
Bestell-Nummer: 371700

Christen kämpfen oft damit, Gnade und Gebote unter einen Hut zu kriegen. Leistungsdruck, ein schlechtes Gewissen und Angst sind die Folge. Doch das muss nicht sein. Andrew Farley zeigt, dass für Christen das Einhalten von Gesetzen und Geboten überhaupt kein Thema mehr ist. Stattdessen können sie in Gott Ruhe finden und ein Leben der Freiheit führen.

Andrew Farley ist Pastor der Ecclesia-Gemeinde im US-Bundesstaat Texas und Professor für Linguistik an der Texas-Tech-Universität. Seine Leidenschaft gilt der simplen Botschaft, dass es im Leben und im Glauben letztendlich auf eines ankommt, nämlich auf Jesus Christus - und auf sonst nichts. Farleys Bücher rund um dieses Thema sind in seiner Heimat Bestseller.

www.gracetoday.de